Helmut Fischer
Alternativlos?

T V Z

Helmut Fischer

Alternativlos?

Europäische Christen auf dem Weg in die
Minderheit

TVZ

Theologischer Verlag Zürich

Bibliografische Informationen der Deutschen Nationalbibliothek
Die Deutsche Nationalbibliothek verzeichnet diese Publikation
in der Deutschen Nationalbibliografie; detaillierte bibliografische
Daten sind im Internet über http://dnb.d-nb.de abrufbar.

Umschlaggestaltung
Simone Ackermann, Zürich
unter Verwendung von
Günter Scharein »Hommage à Meister Mathis«
© Günter Scharein, Berlin

Bibelzitate nach: Zürcher Bibel 2007

Druck
ROSCH-BUCH GmbH, Scheßlitz

ISBN 978-3-290-17754-6
© 2014 Theologischer Verlag Zürich
www.tvz-verlag.ch

Inhaltsverzeichnis

Einführung

Seit der Mitte des 19. Jahrhunderts wird Religion in immer kürzeren Abständen von den einen für überflüssig und tot erklärt und von den anderen als notwendig bezeichnet und lebendig gesprochen. Die Kritik an der Religion ist nur wenig jünger als die Religion selbst. Nur sagt sie wenig über das Phänomen Religion und deren Zukunft. Viel hingegen sagt sie uns über das Verhältnis der Kritiker oder Verteidiger von Religion zu ihrem Gegenstand. 1992 verbreitete »Der Spiegel« die Ergebnisse einer Befragung der Deutschen zur Religion mit der Schlagzeile »Abschied von Gott«. Im März 2001 horchte die Welt auf, als die Taliban die berühmten alten Buddha-Statuen von Bamiyan in Afghanistan zerstörten. Nach dem islamischen Anschlag des 11. Septembers 2001 kam das Thema Religion auf unerwartete Weise in die öffentliche Diskussion. 2004 veröffentlichte Friedrich Wilhelm Graf, Professor der Systematischen Theologie und Ethik an der Universität München, seine Untersuchungen zur Religion der Moderne unter dem provozierenden Titel: »Die Wiederkehr der Götter«. Seit 2006 erregte der »Gotteswahn« des Evolutionsbiologen und bekennenden Religionsgegners Richard Dawkins die Gemüter. Richard Schröders Einspruch dagegen (»Abschaffung der Religion?«) von 2008 und andere Apologien des Christentums haben das Gespräch belebt. »Rückkehr des Religiösen?« fragte auch der Religionssoziologe Detlev Pollack und setzte im Titel seines Buches ein Fragezeichen.

Ein Blick auf die unterschiedlichen Aussagen zur Religion zeigt, dass die abwertenden Äußerungen über sie ebenso wie die entsprechenden Verteidigungsschriften gleich mehrere Merkmale gemeinsam haben, die den Absolutheitsanspruch der jeweiligen Positionen relativieren:

- Sie gehen von einem je unterschiedlichen Verständnis von Religion aus.
- Sie betrachten Religion aus unterschiedlichen Perspektiven.
- Sie halten je ihr Verständnis von Religion und ihre Perspektive der Betrachtung für normativ, für objektiv und für das Wesentliche des Phänomens.
- In den pauschalen Aussagen über Religion werden Begriffe und Assoziationen dazu, die getrennt werden müssen, oft unreflektiert miteinander verbunden, vermischt oder gleichgesetzt. So z. B. Religion als Lebensäußerung, als kultische Organisation, als Lebenspraxis, als Reflexionsprozess, als Theologie, als Spiritualität, als Frömmigkeit, als Mystik, als Ideologie, als Aberglaube, als Magie, als Kult, als Ritus u. a. m.
- Die Vorgaben der eigenen Position und die interessengeleitete Sicht werden oft nicht offengelegt, sondern den Lesenden als selbstverständlich und als geboten vorgesetzt.

Ein so vielschichtiges Phänomen wie Religion, das in allen Bereichen der menschlichen Kultur gegenwärtig sein kann, muss zu Recht aus unterschiedlichen Perspektiven und in seinen unterschiedlichen Funktionen wahrgenommen werden. Insofern sind alle religionskritischen Analysen den Religionshütern zur Selbstreflexion dringend zu empfehlen. Andererseits gilt auch für die Religionsforscher zu beachten, was der Psychoanalytiker Fritz Riemann zu den Äußerungen der Fachleute über die Liebe gesagt hat: »Über die Liebe zu sprechen oder zu schreiben sollte eigentlich den Liebenden und den Dichtern vorbehalten bleiben, denen also, die von ihr ergriffen sind. Wenn sich hingegen die Wissenschaft ihrer bemächtigt, bleibt von der Liebe oft wenig mehr übrig als Triebe, Reflexe und scheinbar machbare oder erlernbare Verhaltensweisen, als biologische Daten, messbare physiologische und testbare psychologische Reaktionen, die alle auch zum

Phänomen Liebe gehören, mit denen wir es aber nicht erfassen.«
(Riemann 13)

So wenig man der Liebe mit der Erklärung nahekommt, dass der Mensch, gesteuert vom Diktat seiner Gene und Hormone, in seinem Triebleben umherirrt, so wenig kommt Religion in den Blick, wenn man die religiösen Menschen, von finsterer Magie getrieben, in absurden Ritualen gefangen sieht. Testosteron und Phenylethylamin mögen bei geschlechtlicher Liebe eine Rolle spielen, sie sagen aber über liebendes Verhalten genauso wenig wie ein Cocktail bestimmter Monoamine über die menschliche Fähigkeit aussagt, sich selbst zu transzendieren. Wer Liebe im Drang zur Fortpflanzung aufgehen lässt und Religion als Vorteil für das Überleben der Gruppe deutet, der hat wohl übersehen, dass Liebe auch abgesehen von Sexualität und Fortpflanzung existiert und die Religion selbst dort eine zentrale Rolle spielen kann, wo ihretwegen sogar die physische Existenz des Einzelnen oder einer Gruppe riskiert wird. Reduziert man Liebe oder Religion auf neuronale Erregungen im Gehirn, so folgt man der Logik, wonach das Klavier die Musik produziert. Hier lässt sich einiges entwirren, ordnen und klären, damit die Lesenden sich ihr eigenes Urteil bilden können.

Das gegenwärtige Erscheinungsbild von Religion lässt sich, wie alles geschichtlich Gewordene, nur verstehen, wenn man sich der Wege und Weichenstellungen bewusst wird, die zu ihrem aktuellen Stand geführt haben. Die gegenwärtige Krise der Religion in Europa ist ohne Frage auch durch kulturelle, politische, wirtschaftliche und gesellschaftliche Entwicklungen mitverursacht. Aber für die christliche Religion entscheidender ist die selbstkritische Frage nach den von den Kirchen selbst zu verantwortenden Faktoren, die zu dieser Krise geführt haben und sie weiterhin verstärken.

Die unterschiedlichen thematischen Schnitte, die in dieser Arbeit gelegt werden, bedingen die gelegentlichen Wiederholungen. Gerne wiederhole ich auch in diesem Buch meinen Dank für die Hilfe beim Erstellen eines ordentlichen Typoskripts an Frau Bärbel Behrens und Frau Dietlind Wienen sowie an die kürzlich verstorbene Frau Marianne Stauffacher für das exzellente Lektorat aller meiner Bücher im Theologischen Verlag Zürich.

1 Was mit Religion gemeint sein kann

Jede sinnvolle Aussage über die Zukunft von Religion muss vorab klären, was unter »Religion« verstanden werden soll. Bereits bei dieser Frage stoßen wir auf das Grundproblem aller Äußerungen über Religion. Denn für das, was unter Religion zu verstehen sei, hält sich jeder und jede für zuständig und für kompetent, und zwar die Religionsgegner wie die Fundamentalisten, die im Volksglauben Beheimateten nicht weniger als die theologisch Gebildeten.

1.1 Das Wort »Religion«

1.1.1 Eine Schöpfung der römischen Kultur

Religio ist eine Wortbildung der lateinischen Sprache in vorchristlicher Zeit. Man bezeichnete damit in der altrömischen Kultur das gewissenhafte Erfüllen der Pflichten. Im kultischen Bereich betraf das die kultischen Pflichten gegenüber den Göttern.

In seinem Werk »Über das Wesen der Götter« definierte der Philosoph und Rhetor M. D. Cicero Religion als Götterverehrung (Cicero II,8) und er leitete das Wort *religio* von dem Verb *relegere* (sorgfältig auswählen) ab. *Religio* meinte, »dass das gewissenhaft bedacht und immer wieder beachtet wird, was die Götter wollen« (Ratschow 634).

Cicero hatte bei seinem Wortverständnis die römische Kultpraxis seiner Zeit vor Augen. Diese Kultpraxis war nicht die Privatsache des Einzelnen, sondern eine kollektive und öffentliche Angelegenheit des Gemeinwesens, zu dem der einzelne Bürger der Stadt das Seine beizutragen hatte, vor allem bei der Finanzierung der Kulte für die Stadt-Gottheiten. Die Götterverehrung der Römer kannte keine Lehren über die Götter und keine Bekenntnisse zu ihnen; sie wurde als Teilnahme an der

Kultpraxis im Festkalender der Stadt praktiziert und zwar bei öffentlichen Gebeten und bei rituellen Handlungen. Die römischen Bürger lernten ihre Religion nicht über religiöse Belehrung und Inhalte kennen, sondern indem sie bereits als Kinder an kultischen Handlungen teilnahmen.

Die griechische Kultur kannte keinen Begriff, der dem lateinischen *religio* entsprach. Auch im slawischen und germanischen Wortschatz finden wir nichts dergleichen. Die europäischen und außereuropäischen Sprachen haben erst in der Neuzeit *religio* als Sammelbegriff für einen Phänomenbereich übernommen, den sie inhaltlich unterschiedlich füllten. »Nur nachklassische westliche Sprachen besitzen überhaupt ein besonderes Wort für ›Religion‹ und trennen anders als andere Zivilisationen ›religiöse‹ von anderen kulturellen Manifestationen.« (Elsas in: HWbPh 8,711) »Religion« ist bis heute ein offener Sammelbegriff, der aus der jeweiligen Perspektive der Betrachter definiert wird.

1.1.2 Die Integration in das Christentum

Laktanz, christlicher Rhetor und Prinzenerzieher am Hof Konstantins in Trier, griff in seinen »Göttlichen Institutionen« (307–301) den *religio*-Begriff auf, leitete ihn aber inhaltlich, anders als Cicero, von *religare* (zurückbinden, anbinden, befestigen) ab. Das entsprach offenbar besser seinem Verständnis von der festen Verbundenheit mit dem einen Gott und seiner Schöpfung. Augustinus (354–430) hat diese Sinngebung übernommen. Auch er bezog *religio* im altrömischen Sinn in erster Linie auf den Kult, der dem einen Gott und Schöpfer gebührt. Aber sein *religio*-Verständnis öffnete sich auch für die Erkenntnis dieses einen Gottes und für die ethische Lebensführung, die sich für die Gläubigen daraus ergibt.

Im Mittelalter bezeichnete *religio* weiterhin die Tugend der Gottesverehrung, konnte aber bereits als Sammelbegriff für die unterschiedlichen Arten der Gottesverehrung bei anderen Völkern verwendet werden. Mit *religio* blieb der Blick auf das

Hauptkennzeichen einer Kultur gerichtet, und das sah man in der Art und Weise ihrer kultischen Gottesverehrung.

In der Zeit der Renaissance und Reformation weitete sich der *religio*-Begriff. Er umfasste als eine Art Oberbegriff jetzt auch die Erkenntnis und die Lebensgestaltung, die aus dem christlichen Gottesverständnis hervorging. Noch aber blieb *religio* im Wesentlichen auf die Ausdrucksformen des Christentums bezogen. Erst mit der Aufklärung änderte sich der *religio*-Begriff grundlegend. Dieser Wandel ergab sich aus dem Gedanken, dass die Wahrheit nicht in einer überkommenen Glaubensform enthalten sei, sondern in der Ratio des Menschen liege und auch darin gründe. Das bedeutete, dass geoffenbarte Inhalte durch die menschliche Vernunft auf ihre Stichhaltigkeit hin überprüft und, falls nötig, auch auf das Einsehbare beschränkt werden mussten. Der menschliche Geist war damit aufgefordert, die Erscheinungsformen von Religion auf den Prüfstand der Vernunft zu stellen, was auch immer unter Vernunft verstanden wurde. Das kennzeichnet den Schritt aus der bisher unbefragt geltenden Innenperspektive in die Betrachtung religiöser Erscheinungen aus externen Perspektiven. Man begann, nach dem Wesen der Religion zu fragen, dem Gemeinsamen in den einzelnen Religionen. Die Diskussion über das Verhältnis natürlicher und offenbarter Religion kam in Gang. Von nun an wurde unterschieden zwischen einer inneren wahren Religion als Liebe zu Gott, zum Nächsten und zur Wahrheit und einer Religion, in der es nur darum ging, formelle Vorschriften zu beachten.

1.1.3 Religion wird Forschungsgegenstand

Bis zur Aufklärung war das Verständnis von Religion in der westlichen Welt weithin normativ an der eigenen christlichen Religion orientiert. Jetzt wurde die Vernunft mit ihren vielen möglichen Aspekten zum Maßstab der Betrachtung, aber die Religionsdefinition der abendländisch christlichen Kultur blieb weiterhin als Leitgedanke für die Auswahl jener Elemente prägend, auf die hin seit dem 19. Jahrhundert auch außereuropäische Kulturen bzw. Religionen untersucht wurden.

Die einzelnen Ablösungsschritte der Religionswissenschaften von der Theologie müssen hier ebenso wenig nachgezeichnet werden wie deren Entstehung und die Entdeckung und der Ausbau der Religionsgeschichte. Die Abkoppelung der entstehenden Wissenschaftszweige vom religiösen Weltbild befreite zwar zu vielseitigen Perspektiven auf Religion, barg aber zugleich die Gefahr in sich, dass die einzelnen Perspektiven sich absolut setzten und sich zu absolutistischen Ideologien verselbständigten.

Wo sich aufklärerische Impulse mit Ideologie verbündeten, konnte emanzipierte Wissenschaft als Gegenaufklärung funktionalisiert werden. In seiner Studie »Religion nach der Aufklärung« stellt der Philosoph Hermann Lübbe fest: »Im Verhältnis zur Religion lässt sich die Geschichte der wissenschaftlichen Aufklärung in der Tat als eine Erfolgsgeschichte schreiben. Als Kontrollinstanz, die über die Zuverlässigkeit kognitiver Inhalte wissenschaftlicher Weltbilder wachte, ist Religion bei uns schlechterdings nicht mehr wirksam. Statt dessen ist es die Wissenschaft selbst, in deren Namen die totalitären Hochideologien über die Integrität der von ihnen kulturell und politisch privilegierten Weltbilder wachen ... Selber Wissenschaft zu sein und auf Ergebnissen moderner Wissenschaften zu beruhen – das ist der Anspruch der großen Ideologien.« (Lübbe 1986, 54) So sehr die wissenschaftliche Erforschung der Religion aus vielen Perspektiven zu begrüßen ist, so genau wird darauf zu achten sein, dass das Phänomen Religion nicht auf die jeweils eine Perspektive der Betrachter reduziert und von daher als das Ganze verstanden und bewertet wird. Da dieser Reduktionismus bis heute aktuell ist und auch für unsere Frage nach der Zukunft der Religion das Gespräch verwirrt, soll an Beispielen darauf eingegangen werden.

1.2 Religion in der Sicht der Aufklärung

1.2.1 Die Philosophie löst sich von der Theologie

Bemühen und Ziel der mittelalterlichen Denker war es, die klassische Philosophie mit der kirchlichen Theologie zu versöhnen. Dabei fungierte die Philosophie im gesamten abendländischen Mittelalter als »Magd der Theologie«. Der französische Mathematiker René Descartes (1596–1650) befreite die Philosophie aus dieser Rolle und machte sie zur eigenständigen Disziplin. Er sah die Aufgabe der Philosophie darin, sich von allen Vorurteilen zu befreien und alles zu bezweifeln, was sich bezweifeln lässt. So unternahm er den Versuch, ohne Rückgriff auf die traditionell vorgegebenen Gedanken über Gott, Kosmos und Welt und ohne höhere Offenbarungen für alles Wissen ein sicheres Fundament zu gewinnen.

Sein methodischer Zweifel führte ihn zu der Erkenntnis, dass die evidente und nicht mehr bezweifelbare Basis das Selbstbewusstsein des Menschen ist, denn selbst im letzten Zweifel muss das zweifelnde Ich vorausgesetzt werden. Descartes kennzeichnet es als die »denkende Substanz« *(res cogitans)* und unterscheidet davon alles Dingliche als »ausgedehnte Substanz« *(res extensa),* weil diese äußeren Dinge durch Ausdehnung, Bewegung, Gestalt, Größe, Anzahl, Ort und Zeit bestimmt und mathematisch erfasst werden können. Descartes stößt damit eine Denkweise an, die unter dem späteren Stichwort »Aufklärung« die folgenden Jahrhunderte in allen kulturellen Bereichen geprägt hat.

Immanuel Kant hat Aufklärung 1784 so definiert: »Aufklärung ist der Ausgang des Menschen aus seiner selbst verschuldeten Unmündigkeit. Unmündigkeit ist das Unvermögen, sich seines Verstandes ohne Leitung eines anderen zu bedienen ... Sapere aude! Habe Mut, dich deines eigenen Verstandes zu bedienen! ist also der Wahlspruch der Aufklärung.« (Kant 1784, 53) Darin ist die Aufforderung enthalten, über Religion nicht mehr in deren immanenter Logik nachzudenken, sondern sie aus externer Sicht innerhalb der Kategorien der autonomen Vernunft zu betrachten. Das ist dann auch auf vielfältige Weise geschehen, in hervorragender Weise durch Kant selbst.

Die aus der Vernunftperspektive hervorgegangenen Betrachtungsweisen von Religion unterschieden sich lange Zeit in der Tendenz, sie entweder zu kritisieren oder als notwendig zu begründen. Die religionskritischen Äußerungen überwogen und deren Gedanken sind bis heute in popularisierter Form lebendig.

1.2.2 Die philosophische Reduktion auf Moral (Immanuel Kant)

Kant setzte sich in seinen Kritiken der Vernunft auch indirekt mit der Religion auseinander. Nach seinem Verständnis gründet unsere Erkenntnis in nur drei Elementen, nämlich in unseren *Sinnen,* die uns eine Anschauung der Natur vermitteln, unserem *Verstand,* der die Begriffe zu den Erfahrungswerten bereitstellt und diese erst möglich macht, und unserer *Vernunft.* Die Vernunft bezieht sich nicht auf Erfahrung und auf Gegenständliches, sondern nach Kant auf die vor aller Erfahrung gegebenen transzendenten Ideen. Erst in diesen Ideen, mit denen die Vernunft operiert, werden die Phänomene, die wir über unsere Sinne wahrnehmen, und die der Verstand erfasst, zum Ganzen der Erkenntnis zusammengeführt.

Kant bezweifelt nicht, dass Gott sei. Aber er leitet aus dem Begriff »Gott« ab, dass Gott nicht ein Gegenstand wie die Dinge dieser Welt sein kann. Daraus folgt, dass Gott weder aus menschlichen noch naturwissenschaftlichen Erfahrungen noch durch die Arbeit unseres Verstandes erschlossen werden kann. Alle bis dahin aufgestellten Gottesbeweise entkräftet er so. Gott und Religion seien auch nicht durch Offenbarung in die Welt gekommen. Dennoch erweist sich ihm Gott als ein Postulat der praktischen Vernunft. Das begründet er anthropologisch aus der Bestimmung des Menschen. Der Mensch, sagt er, wird nicht bereits durch Erkenntnis zum Menschen, sondern erst dadurch, dass er die Möglichkeit hat und wahrnimmt, seine höchsten sittlichen Werte auch frei zu verwirklichen. Hatte Kant in seiner »Kritik der reinen Vernunft« (1781) die Religion noch als Begründung für die Moral herangezogen, so reduzierte er später Religion auf Moral, nämlich als die »Erkenntnis aller Pflichten als göttliche Gebote« (Kant 1788, 233). Diese Reduktion der Religion auf Moral hat nicht nur in der Philosophie, sondern auch in der Theologie in vielen Abwandlungen Nachfolger gefunden.

1.2.3 Die philosophische Reduktion auf Selbstspiegelung (Ludwig Feuerbach)

Ludwig Feuerbach (1804–1872) trat der Religion nicht von außen entgegen, sondern hatte in Heidelberg und Berlin Religion und Theologie studiert, in Berlin wurde er beeinflusst vom Philosophen Hegel, von dessen idealistischer Gleichsetzung der christlichen Religion mit der wahren Philosophie er sich wieder distanzierte. An Luther und der zeitgenössischen Theologie glaubte er feststellen zu können, dass diese sich längst als Anthropologie verstehe und dass die Gläubigen sich im Gott ihrer Religion nur selbst wie in einem Spiegel ansähen und ihr eigenes menschliches Wesen reflektierten. Gott ist das vergegenständlichte und vergöttlichte Wesen des Menschen als Gattung. Diese These ist bereits in den ersten Sätzen seines Hauptwerkes »Das Wesen des Christentums« (1841) angelegt: »Die Religion beruht auf dem wesentlichen Unterschiede des Menschen zum Tiere – die Tiere haben keine Religion ... Was ist aber dieser wesentliche Unterschied? ... das Bewusstsein ... Das Wesen des Menschen im Unterschied vom Tiere ist nicht nur der Grund, sondern auch der Gegenstand der Religion.« (Feuerbach, I,35f) So ist der Mensch der Anfang der Religion, deren Mittelpunkt und auch deren Ende. Den Gottesglauben, den er mit Religion identifiziert, sieht Feuerbach im selbstischen Kreisen des Menschen um sich selbst angelegt. Im Gefühl der unentrinnbaren Abhängigkeit von der bewusstlosen Natur macht er das zu seinem anbetungswürdigen Gott, was er selbst nicht ist, aber zu sein wünscht, nämlich: Herr der Lage. Feuerbach war überzeugt, dass mit dem Mechanismus der religiösen Selbstspiegelung alle Religion als Illusion aufgedeckt und die atheistische Philosophie der Zukunft gefunden sei.

1.2.4 Die soziologische Reduktion auf ein Machtinstrument der Herrschenden (Karl Marx)

Karl Marx (1818–1883) war Zeitgenosse Feuerbachs. Sein philosophisches Profil fand er in der Auseinandersetzung mit Hegel und Feuerbach. Von Feuerbach übernahm er den Atheismus und die Einschätzung der Religion als ein illusionäres Machwerk des Menschen. Hatte Feuerbach das Wesen der Religion auf das Wesen des Menschen reduziert, so reduzierte Marx das Wesen des Menschen noch enger auf die gesellschaftlichen Verhältnisse, aus denen es hervorging. In seinen »Thesen über Feuerbach« (1845) stellte er fest: »Feuerbach löst das religiöse Wesen in das *menschliche* Wesen auf. Aber dieses menschliche Wesen ist kein dem einzelnen Individuum innewohnendes Abstraktum. In seiner Wirklichkeit ist es das ensemble der gesellschaftlichen Verhältnisse.« (These 6) Das, was man als »religiöses Gemüt« bezeichne, sei selbst ein gesellschaftliches Produkt (Marx 1845, These 7). Marx interessierten weder die Inhalte der Religion noch die Frage nach deren Wesen und Wahrheit, sondern lediglich ihre Wirklichkeit als Ausdruck gesellschaftlicher Verhältnisse. Darunter verstand er vor allem die ökonomischen Verhältnisse, da das Bewusstsein der Menschen durch ihre gemeinsame Arbeit als wirtschaftende Wesen gebildet werde. In den Arbeitsverhältnissen, in denen das Produkt der Arbeit zu einer dem Arbeitenden entfremdeten Ware wird, entfremde sich auch der Mensch vom Menschen. Diese ökonomischen Verhältnisse dienten dem Vorteil bestimmter gesellschaftlicher Gruppen. Die Religion, deren Priester mit den Herrschenden zusammenarbeiteten, habe den Zweck, die bestehenden Verhältnisse stabil zu halten, zu legitimieren und zu rechtfertigen. Während Feuerbach noch dachte, dass sich mit der Aufdeckung ihres illusionären Charakters die Religion selbst auflösen werde, forderte Marx mindestens indirekt den Kampf gegen die Religion als »Kampf gegen jene Welt, deren geistiges Aroma die Religion ist« (Marx 1844, 1,378). Die Religionskritik allein genügte Marx nicht. Seiner Forderung gemäß, die Welt nicht nur zu interpretieren, sondern zu verändern, gelte es, gegen jene Verhältnisse aktiv vorzugehen, die Religion als »Opium des Volkes« hervorbrächten, förderten oder stützten. Der Befreiungskampf des Proletariats werde zu dieser freien Welt führen.

Auf der Basis der Thesen von Feuerbach und Marx hat Friedrich Engels (1820–1895) den Kampf gegen die Herrschenden als jener fremden und entfremdenden Macht propagiert, mit deren Verschwinden auch die Religion verlöschen sollte. Die kirchen- und religionsfeindliche Marx-Engels-Ideologie ist in Deutschland lange präsent geblieben. Sie wurde zwischen den Weltkriegen von deutschen Sozialisten sehr offensiv praktiziert und bewirkte zwischen 1920 und 1930 eine beachtliche Kirchenaustrittsbewegung. Die deutschen Sozialdemokraten lösten sich erst im letzten Viertel des 20. Jahrhunderts in ihrem Programm von den religionsfeindlichen Ideologie-Elementen.

1.2.5 Die naturwissenschaftliche Reduktion auf Messbares

Als Napoleon den französischen Astronom und Physiker Pierre Laplace (1749–1827) fragte, wo in seinem Weltsystem Gott zu finden sei, antwortete dieser: »Ich habe diese Hypothese nicht gebraucht.« Damit sagte er für einen Naturwissenschaftler seiner Zeit nichts Neues. Er fasste aber auf sehr einfache Weise zusammen, was Astronomen wie Nikolaus Kopernikus (1473–1543), Giordano Bruno (1548–1600), Johannes Keppler (1571–1630) und Isaak Newton (1642–1726) und andere Naturforscher seit Jahrhunderten taten, nämlich die Gesetzmäßigkeiten zu erforschen, nach denen sich die Abläufe im Weltganzen wie im Kleinen berechnen und erklären lassen.

Zunächst war man noch überzeugt, dass das Anfangsereignis auf einen Impuls Gottes als dem Urgrund der Welt zurückzuführen sei. Aus dieser Vorstellung entwickelte sich im 17. und 18. Jahrhundert in Frankreich und England das Konzept des Deismus. Danach hat Gott die Welt samt den Bedingungen und den Gesetzmäßigkeiten ihres Existierens geschaffen, er greift aber nach dem Schöpfungsprozess in den Lauf der Dinge nicht mehr ein. Im Horizont dieses Denkens wird Religion auf jene Inhalte reduziert, die der menschlichen Vernunft einleuchtend sind und die sie aus sich selbst haben kann.

Das religiöse Relikt des Deismus, nämlich der Schöpfergott, wurde aber bereits im 18. Jahrhundert von der naturwissenschaftlichen Forschung ganz ausgeschieden. Mit der Inthronisation der »Göttin der Vernunft« am 10. November 1793 auf dem Hochaltar von Notre Dame in Paris glaubte man alles Übernatürliche, alle Offenbarungsreligion und alle Metaphysik endgültig abgeschüttelt zu haben. Naturwissenschaft und konsequenter Atheismus schienen identisch zu sein. Diese Gleichung wird in der Popularliteratur bis heute verbreitet.

Die sich als konsequent atheistisch verstehende Naturwissenschaft des 19. Jahrhunderts fand seine prägnante Stimme in der Person des Jenaer Zoologen Ernst Haeckel, der mit seinem allgemein verständlichen Buch »Die Welträtsel« (1899) nicht nur die Naturwissenschaftler mehrerer Generationen, sondern die Gebildeten in der ersten Hälfte des 20. Jahrhunderts nachhaltig geprägt hat. Im Nachwort zur 10. Auflage bezeichnet er sein Buch als ein »Glaubensbekenntnis der reinen Vernunft« (511). Er singt das Hohelied auf das »Grundgesetz des Weltmechanismus«. Danach »sind die sämtlichen anorganischen Naturwissenschaften rein mechanisch und damit zugleich rein atheistisch geworden« (331). Haeckel war noch fest davon überzeugt, dass die Naturwissenschaft die Gegenstände ihrer Forschung ihrer

Natur gemäß erfasst. Er konnte um die Jahrhundertwende noch nicht ahnen, dass Albert Einstein, Max Planck, Max Born, Werner Heisenberg, Erwin Schrödinger und andere Naturwissenschaftler die von Haeckel noch so sicher proklamierten Vorstellungen von Kausalität, Raum, Zeit, Materie, Energie, Atomen und Naturgesetzen überholen und auch sein Verständnis von der Leistung unserer Vernunft neu und anders bewerten würden. Haeckel gründete 1906 den Deutschen Monistenbund, der auf der Basis des Glaubens an die Alleingeltung der Materie das dogmatische Christentum »durch die monistische Philosophie ersetzen« (427) sollte. Diese »vernünftige Religion« hat sich freilich bereits nach dem Ersten Weltkrieg wieder aufgelöst, und zwar zusammen mit dem naiven Fortschrittsglauben des 19. Jahrhunderts, den Haeckel in seiner Philosophie auch als Darwinist so selbstbewusst vertreten hatte. In gebildeten Kreisen klang noch lange das Goethe-Motto nach, das Haeckel seinen monistischen Studien über die Religion der Vernunft vorangestellt hatte:

«Wer Wissenschaft und Kunst besitzt,
der hat auch Religion!
Wer diese beiden nicht besitzt,
der habe Religion!« (418)

1.2.6 Die Reduktion als ermöglichender Grund jeder Hypothesenbildung

Aus dem generellen Reduktionismus von Religion auf die jeweilige Perspektive und den Horizont der einzelnen naturwissenschaftlichen Disziplinen ergeben sich entsprechend unterschiedliche Religionsverständnisse. Die methodische Reduktion ist den Naturwissenschaften nicht vorzuwerfen. Sie ist Wesensbestandteil ihres Selbstverständnisses. Der Philosoph Günther Pöltner klärt das Verhältnis von naturwissenschaftlichen Aussagen und Reduktion so: »Die Naturwissenschaft hat es *von vornherein* mit einem ihrer Fragehinsicht und -absicht entsprechenden *thematisch reduzierten Gegenstand* ... zu tun. Diese bewusste Ausblendung einer Reihe von Dimensionen des Vorgegebenen macht eine Naturwissenschaft überhaupt erst möglich. Das *Objekt* der Naturwissenschaft liegt nicht einfach fertig vor, sondern ist das *Resultat einer methodischen Reduktion.* Durch sie wird *von vornherein* festgelegt, was an der vorgegebenen Natur zum wissenschaftlichen Gegenstand werden kann und was nicht, was als wissenschaftliche Erfahrung (= Experiment) und was als wissenschaftliches Wissen gelten kann und was nicht, und wie dieses zu begründen ist. Die Reduktion steht am Anfang der Naturwissenschaft, ... liegt der gesamten Schrittfolge als deren Ermöglichung zugrunde. Sie ist keine naturwissenschaftliche Hypothese, sondern der ermöglichende Grund jeglicher Hypothesenbildung. ... Die bewusste Selbstbindung an die einschränkende Fragehinsicht und an einen dementsprechend eingeschränkten Wissensbegriff macht das *Methodische* der Fachwissenschaft aus.« (Pöltner 14)

Gegen eine Untersuchung religiöser Phänomene aus der Perspektive und mit den Methoden einer Fachwissenschaft ist nichts einzuwenden. Zu kritisieren ist nur die Meinung, man hätte mit den Ergebnissen einer naturwissenschaftlichen Methode das Wesen der Religion erfasst. Es ist z. B. nachweisbar, dass durch Mozart-Musik im Kuhstall die Milchproduktion gesteigert wird. Nur, die zutreffende Feststellung dieser Wirkung von Kuhstallbeschallung sagt über die Musik Mozarts selbst nichts aus. Die von einer naturwissenschaftlichen Methode erfasste Realität ist nur die von dieser Methode zugelassene Realität und sie ist beileibe nicht die einzige und maßgebliche Realität eines Phänomens. An einigen Beispielen sollen fachwissenschaftliche Reduktionen aufgedeckt werden, weil sie im Bewusstsein vieler Zeitgenossen als wissenschaftliche Wahrheiten im Umlauf sind.

1.2.7 Die darwinistische Reduktion auf evolutionären Vorteil

Bereits im 18. Jahrhundert hatten Naturforscher die Vermutung geäußert, dass Tierarten sich verändern und auf einen gemeinsamen Ursprung zurückgehen könnten. Charles Darwin (1802–1882) hat mit seinen Beobachtungen an den Vogelarten auf den Galapagos-Inseln dafür erstmalig den Beweis erbracht. Erst zwei Jahrzehnte später hat er daraus den Schluss gezogen, dass die Triebkraft dieser Veränderungen in der natürlichen Auslese zu suchen sei. Damit hatte er an die belebte Natur die gleichen Maßstäbe und Methoden der Erklärung angelegt, die in der Astronomie bereits üblich waren, nämlich das Bestehende und seine Veränderungen nicht durch göttliche Eingriffe zu erklären, sondern durch das Wirken und Zusammenspiel der Gesetze, die in der Natur walten. Die kausalen Mechanismen der natürlichen Auslese wurden inzwischen durch die Kenntnis der genetischen Mechanismen ergänzt und zu einer umfassenden Evolutionstheorie ausgebaut. Aus der Sicht eines mechanistischen Evolutionsverständnisses ist auch die Religion als ein Phänomen zu verstehen, das sich herausgebildet hat, weil es für das Überleben der Gattung Mensch von Vorteil war. Auf der Suche nach dem Sinn oder Unsinn von Vorteilen eröffnet sich Darwinisten ein weites Betätigungsfeld für die Phantasie.

Der Evolutionsbiologe Richard Dawkins hat in seiner Kampfschrift »Der Gotteswahn« (2006) das Wesen der Religion dadurch zu erklären versucht, dass er ganz im Sinne der Evolutionstheorie nach dem Vorteil und dem Nutzen fragte, den die religiösen Phänomene dem Individuum oder der Gruppe gebracht haben oder bringen. Religion definiert er als die Gestalt »jener zeitaufwendigen, Wohlstand verschlingenden, Feindseligkeiten provozierenden *Rituale,* jener tatsachenfeindlichen kontraproduktiven Fantasien« (Dawkins 230), die in keiner Kultur fehlen. Da er für einen nach seiner Einschätzung derart offensichtlichen Unsinn keinen Vorteil erkennen kann, der das bisherige Überleben von Religion begründet, muss er für seine »letztgültigen darwinistischen Erklärungen« (234) sehr weite Umwege gehen, um etwas Theoriekonformes zu entdecken. So stellt er sich an die Spitze jener Biologen, »die in der Religion ein *Nebenprodukt* von etwas anderem sehen« (239). Was er unter einem »Nebenprodukt« versteht, veranschaulicht er an den Motten, die nachts in ein Kerzenlicht fliegen, was weder für das Individuum noch für die Art ein Vorteil sein kann. Dawkins erklärt, dass sich Motten an den Lichtstrahlen des Mondes orientieren. Da die Kerzenflamme (eine für Motten ganz neue Erscheinung) aber im Unterschied zum Mond keine parallelen Strahlen, sondern Strahlen wie die Speichen eines Rades aussendet, versagt das am Mond orientierte Steuerungssystem und leitet das Tier in die tödliche Flamme. Das führt Dawkins zu der Vermutung, dass auch religiöses Verhalten ein Fehlverhalten sein könnte, nämlich »ein unglückliches Nebenprodukt einer grundlegenden psychologischen Neigung, die unter Umständen nützlich sein kann oder früher einmal nützlich war« (242). Die natürliche Selektion hat also nicht religiöses Verhalten als solches begünstigt, sondern hatte einen ganz »anderen Nutzeffekt, der sich nur nebenher zufällig als religiöses Verhalten manifestiert« (242). Diesen Nutzeffekt demonstriert er an Kindern. Denen sagen die Eltern: »Geh nicht so nah an die Klippe, geh nicht in ein Gewässer, in dem Krokodile schwimmen, iss nicht unbesehen rote Beeren.« usw. Vorteilhafter als die vielen Einzelwarnungen sei aber die Faustregel: »Glaube alles, was die Erwachsenen dir sagen, ohne weiter nachzufragen. Gehorche deinen Eltern, den Stammesältesten, ohne Fragen zu stellen.« (243) Und daraus zieht Dawkins im Blick auf die Religion den Schluss: »Wie bei den Motten kann auch hier etwas schiefgehen.« (243) Der ursprüngliche Nutzeffekt hat sich als Fehlfunktion erwiesen. Freilich hält Dawkins seine eigene Hypothese nicht für besonders tragfähig, denn er schiebt gleich noch weitere Argumente psychologischer und genetischer Art nach, z. B. etwas Analoges zur »Gendrift«, mit der man in jüngster Zeit auch die Evolutionstheorie ergänzt hat. Offensichtlich stellt sich Dawkins seine Leser, die ihm seine Spekulationen als Wissenschaft abnehmen sollen, als noch anspruchsloser vor, als jenen *homo religiosus*, an dessen Standbild, das er selbst erbaut hat, er sich in unermüdlichem missionarischen Eifer weiterhin abarbeiten muss.

1.2.8 Die psychologische Reduktion auf eine kollektive Zwangsneurose (Sigmund Freud)

Sigmund Freud (1856–1939) betrachtete seine psychoanalytische Arbeit als Naturwissenschaft. Religion verstand er im Deutungshorizont von Darwin, Schopenhauer, Feuerbach und Marx. Darwins Hypothese, nach der die Menschen im Urzustand in kleinen Horden lebten, in der das dominante Männchen alle Frauen für sich beanspruchte, ergänzte er durch die Hypothese, dass die verdrängten Brüder sich schließlich zusammentaten, den Vater der Horde erschlugen, ihn verspeisten und so der Vaterhorde ein Ende machten. Aber dieser Mord schaffte ein Schuldbewusstsein. So wählten sie sich ein Totemtier als Vaterersatz und wiederholten fortan an diesem Totemtier den Vatermord, verstanden aber das Opfer dieses Tieres als Sühne für die Urschuld der Tötung des göttlichen Vaters. Der Totemismus gilt Freud als die älteste Erscheinungsform der Religion und alle Religionen gelten ihm als Versuche, das Problem des Vatermordes zu lösen.

Diese phantasievolle These aus seinem Buch »Totem und Tabu« (1913) erweiterte er später durch den Gedanken, dass jener Urvater das Urbild Gottes darstellt. Den biologischen Grund für Religion sah Freud in der Angst und in den Schuldgefühlen des hilflosen Kindes gegenüber dem übermächtigen Vater. In der Religion werde dieser »psychische Infantilismus« in organisierter Form festgeschrieben. Das hindere den Menschen daran, die Realität wahrzunehmen und erwachsen zu werden. So stellte sich ihm Religion als Illusion mit Anzeichen einer psychiatrischen Wahnidee dar, die er als eine allgemein menschliche und universale Zwangsneurose charakterisierte. In seinen therapeutischen Maßnahmen und in einer entsprechenden Erziehung sah er die Möglichkeit, den Einzelnen von seinen persönlichen neurotischen Entwicklungsstörungen und die Gesellschaft von ihrer kollektiven religiösen Zwangsneurose zu befreien. Angesichts dieser blühenden Phantasie für die menschliche Urgeschichte, die sich als Wissenschaft ausgab, verwundert es nicht, wenn bereits der Satiriker Karl Kraus, der scharfzüngige Wiener Zeitgenosse Freuds, dessen psychoanalytisches Abenteuer als jene Krankheit diagnostiziert, die zu heilen sie verspricht.

1.2.9 Die neurologische Reduktion auf Hirnprozesse

Da Religion ein Bewusstseinsphänomen ist und jedem Bewusstsein Hirnprozesse zugrunde liegen, sehen sich in neuerer Zeit vor allem die Neurowissenschaftler in das Gespräch über Religion einbezogen. Weil auch hier die Absicht des Forschers und das, was er zum Thema Religion beweisen möchte, für die Anlage des Experiments und für die Argumentation bestimmend sind, sind unterschiedliche Richtungen neurologischer Deutung von Religion zu erwarten.

Jene, die Religion für eine überlebte Erscheinung halten, äußern sich zum Thema nur ausweichend und vage. Der Hirnforscher Wolf Singer, Mitglied der Päpstlichen Akademie der Wissenschaft, ließ sich auf die Frage, wo Religion im neurologischen Denkmodell ihren Platz habe, gerade so viel entlocken: In dem Maße, in dem wir das unmittelbar Erfahrbare aus sich selbst erklären können, »müsse sich Religion auf immer abstraktere, unanschaulichere Territorien zurückziehen« (Singer 92). Oder: »Religion muss sich jenseits der Grenze des Konkreten verorten.« (93) Das heißt, mit zunehmender wissenschaftlicher Erkenntnis verliert Religion ihren Boden.

In den Vereinigten Staaten gingen viele Neurowissenschaftler in ihren Experimenten von der Vorgabe aus, dass sich Religion durch die neuen bildgebenden Verfahren als Realität erweisen lasse. Sie gingen außerdem davon aus, dass das Zentrum der Religion der Gottesglaube sei, (was von der Religionswissenschaft nicht bestätigt werden kann). So wählten sie für ihre Experimente aus den vielen Erscheinungsformen von Religion jenes Phänomen aus, für dessen Erforschung sie das methodische Instrumentarium zu haben glaubten: »das mystische Erlebnis«. Mystische Erlebnisse haben die Gestalt von Visionen, Lichterscheinungen, Auditionen, außerkörperlichen Erfahrungen, oft verbunden mit der Entgrenzung des Ichs und seiner Verschmelzung mit einer höheren Realität des Weltganzen, das als »ozeanisches Gefühl« geschildert wird. Da mystische Erlebnisse bei bestimmten Meditationsformen und bei Epilepsie-Anfällen anzutreffen sind, konzentrierte man sich besonders auf deren Erforschung, zumal die Verbindung zu den epileptischen Ereignissen, die von der Medizin auch bei Paulus, Mohammed, der Jungfrau von Orléans, Theresa von Avila u. a. angenommen werden, die religiöse Dimension zu gewährleisten schien. Mit den Daten des Elektroencephalogramms war festzustellen, dass bei diesen mystischen Erlebnissen das Hirnareal, das für die räumliche Orientierung zuständig ist, unterversorgt war. Der gleiche Mangel an Sauerstoff führt auch bei Höhenkrankheit, bei Ertrinkenden und Verschütteten zu dem Gefühl, in einer raum- und zeitlosen Unendlichkeit aufzugehen oder mit ihr verbunden zu sein.

Andrew Newberg, einer der führenden Neurologen dieser Forschergruppe, ist »der Überzeugung, dass wir den Beweis für einen neurologischen Prozess erbracht hatten, der es uns Menschen ermöglicht, die materielle Existenz zu transzendieren und mit einem tieferen, geistigen Teil von uns selbst in Verbindung zu treten, der als absolute, universelle Realität wahrgenommen wird, die uns mit allem Seienden vereint« (Newberg 19). Diese Forschergruppe hält ihre Ergebnisse für einen neurologischen Gottesbeweis. Sowohl die meditierenden katholischen Nonnen wie die buddhistischen Mönche berichteten von Einheitserlebnissen. Nur, während sich das Ich der Franziskanerinnen mit dem persönlichen Gott des dogmatischen Christentums vereinigte, tauchte dieses personale Element bei den buddhistischen Mönchen gerade nicht auf, denn diese erinnerten sich nur an eine Allverbundenheit. Das Einheits-Erlebnis, das bei allen durch eine reduzierte Aktivität des Orientierungszentrums ausgelöst war, wird inhaltlich offensichtlich durch den religiösen Hintergrund der Meditierenden eingefärbt und gedeutet.

Die Neurologen, die ausgezogen sind, um ein Gottesmodul oder Gottesareal im Gehirn zu finden, wie auch jene Biologen, die ein Gottesgen zu entdecken dachten, haben mit ihren Mühen nicht mehr »bewiesen«, als sie bei ihren Experimenten bereits vorausgesetzt haben. Aus zirkulären Argumentationsgängen ist keine Erkenntnis zu erschließen. Deshalb sagen diese Experimente mit ihrer Reduktion von Religion auf die Erscheinungsform von mystischen Erlebnissen weder etwas über Religion noch etwas über eine religiöse Anlage des Menschen. Das Wort »Neurotheologie«, das für diese Forschungen in Anspruch genommen wird, verdankt sich schlichten Kategoriefehlern und erweist sich als irreführender Etikettenschwindel.

2 Religion als eigenständiger Forschungsgegenstand

2.1 Wofür das Wort »Religion« heute stehen kann

Im volkstümlichen Sprachgebrauch wird alles der Religion zugerechnet, was etwas mit einer höheren Macht, mit übernatürlichen Vorgängen, mit Innerlichkeit, mit Gebet, mit Frömmigkeit,
mit Kult, Ritualen und Kirche zu tun hat. Der Sammelbegriff ist
so vielschichtig und zugleich so vage, dass eine Verständigung
vorab, eine Begriffsklärung hilfreich sein wird. Vollständigkeit
ist dabei nicht angestrebt.

2.1.1 »Religion« im allgemeinen Sprachgebrauch

In der Alltagssprache zählt zur Religion alles, was im eigenen Erfahrungshorizont als irgendwie religiös gewertet wird. Der kirchlich Sozialisierte spricht aus einem anderen Erfahrungshorizont
als der in einem atheistischen Umfeld Aufgewachsene. Beide
reden auf sich zentriert von Religion, aber mit verschiedenen
Vorgaben und mit entsprechend unterschiedlichen Wertungen.
Was der eine als göttliche Offenbarung, Wahrheit und Gebet
verstehen mag, sieht der gelernte Marxist als jene Form des
gesellschaftlichen Bewusstseins, »deren Besonderheit in einer
verzerrten, verkehrten Widerspiegelung der Natur und Gesellschaft im Bewusstsein des Menschen besteht« (Klaus in: Philosophisches Wörterbuch II, 1046f). Was der eine als normale
kultische Praxis betrachtet, wird der andere vielleicht als archaischen Aberglauben verhöhnen. Die alltagssprachliche Verwendung des Wortes »Religion« ist für eine kultivierte Verständigung über Religion nicht brauchbar. Selbst in der gehobenen
Diskussion scheint die Verwirrung groß. Der Sprachphilosoph
Fritz Mauthner, Zeitgenosse Ernst Haeckels, schreibt in seinem
Wörterbuch der Philosophie von 1910: »Es gilt als unanständig,
gar kein bisschen Religion mehr zu haben; ... selbst unsere

Monisten legen Wert darauf, das, wovon sie selbst nichts wissen, als eine monistische Religion zu bezeichnen.« (Mauthner in: Wörterbuch der Philosophie II, 311)

Religion begegnet uns in Europa in erster Linie in Gestalt von religiösen Institutionen, Organisationen, Gemeinschaften, Vereinigungen, Sekten, New Age-Angeboten u. a. m. Jede Religion als institutionell organisierte und gelebte Lebensform ist eine Ganzheit aus Glaubenswissen und Weltverständnis, aus gemeinsamen Werten, Verhaltensweisen und Riten, denen sich die Mitglieder verbunden und verpflichtet wissen und die sie identifizierbar und von anderen religiösen Gemeinschaften unterscheidbar machen. Religion in institutionell pluraler Form gibt es im christlichen Europa erst seit der Reformation in der Gestalt unterschiedlicher Konfessionen oder Kirchen. Die Pluralität unterschiedlicher Religionen ist in unserer Gesellschaft heute das Normale.

Kirche ist die Form, in der sich im 2. Jahrhundert die aus der Botschaft Jesu hervorgegangenen christlichen Gemeinden organisiert haben. Aus den zunächst losen regionalen Zusammenschlüssen in regionalen Synoden entstand in der lateinischen Welt die römisch-katholische Kirche und entwickelte sich zu einer hierarchisch gegliederten und streng zentralistisch geleiteten Organisation. Christliche Kirche auf dem Boden des Oströmischen Reiches organisierte sich in Patriarchaten. Die aus der Reformation hervorgegangenen Kirchen haben das hierarchische und zentralistische Prinzip zurückgenommen oder ganz ausgeschieden und verstehen sich wieder von den Gemeinden her.

Kirche darf nicht mit Religion gleichgesetzt werden. Sie ist nur eine Äußerungsform von Religion. Judentum und Islam sind weniger institutionalisiert und weniger organisiert. Taoismus, Konfuzianismus, Buddhismus und Hinduismus sind in ihren verschiedenen Richtungen eher Lebenswege als religiöse Großorganisationen.

Religion (Singular) als Sammelbegriff, der möglichst alle religiösen Erscheinungsformen umfasst, ist ein wissenschaftliches Konstrukt und eine Art »Suchraster«. Dieses Verständnis von Religion als ein Ganzes, das in den konkreten Religionen stets nur in unterschiedlichen Ausdrucksformen vorzufinden ist, entstand erst in der Spätaufklärung. Diese Sicht auf das Gemeinsame in allen Religionen ist ein Spezifikum, das aus der historisch-kulturellen Entwicklung des Abendlandes hervorgegangen ist und in anderen Kulturen kaum eine Entsprechung hat. Der Blick auf das allen Religionen Gemeinsame kann sich auf zwei Schwerpunkte richten.

a) **Das substanzielle Verständnis** fragt nach den gemeinsamen Inhalten der Religion, nach dem Wesen, das allen zugrunde liegt. Dabei ist man bisher über die allgemeine Aussage, dass sich alle Religionen mit dem menschlichen Sein befassen, noch nicht hinausgekommen. Mit der europäischen Unterstellung, dass »Religion die Auseinandersetzung des Menschen mit einer geheimnisvollen Macht bezeichnet« (Bertholet 504), die wir »Gott« nennen, werden bereits eine Reihe von Religionen ausgeschlossen. Das gilt erst recht für Günther Kehrers Feststellung, dass »alle substanziellen Definitionen von Religion in der einen oder anderen Weise darauf hinauslaufen, dass Religion der Glaube an übernatürliche Wesen sei« (Kehrer 1988, 23).

b) **Das funktionale Verständnis** fragt nach dem, was Religion *tut, bewirkt, leistet,* d. h., welche Funktionen sie ausübt, und zwar für den Einzelnen, für die Gesellschaft und für die Kultur. Die Frage nach der Funktion von Religion ist ergiebiger als die Frage nach deren Inhalt und Wesen. Das zeigen die Forschungsergebnisse der Religionsgeschichte, der Religionspsychologie, der Religionssoziologie, der Religionsethnologie und der Kulturgeschichte, von denen noch die Rede sein wird.

2.1.2 Gott, das Heilige, das Andere

Aus abendländischer Sicht wird Religion »durch die existenzielle Wechselbeziehung zwischen Mensch und Gott« (Lanczkowski 33) oder übernatürlichen Wesen konstituiert. Diese eurozentrische Sicht von »Ohne Gott keine Religion« hat Geradus van der Leeuw mit der Feststellung relativiert, dass Gott ein »Spätling in der Religionsgeschichte« sei (van der Leeuw 103).

Der Theologe und Religionsphilosoph Rudolf Otto hat anstelle des personal vorgestellten Gottes das nichtpersonale »Heilige« als die allen Religionen zugrunde liegende Bezugsgröße ins Gespräch gebracht. So konnte z. B. von Gustav Mensching Religion umschrieben werden als »erlebnishafte Begegnung des Menschen mit der Wirklichkeit des Heiligen und antwortendes Handeln des vom Heiligen bestimmten Menschen« (Mensching 103).

Die Elemente der Begegnung, Interaktion und Wechselwirkung zwischen den Menschen und dem wie immer bezeichneten »Anderen« gehören zum Wesen der Religion. Der personale Gott ist in dieser Sicht nur eine von vielen Ausdrucksformen für jenes Andere, Heilige, Größere, Transzendente, Umgreifende, Letztgültige, das nur in unser Bewusstsein treten kann, indem wir unser Leben zu ihm ins Verhältnis setzen, uns ihm aussetzen und uns mit ihm auseinandersetzen. Zugespitzt ließe sich sagen: Ohne Mensch kein Gott.

2.1.3 Religiosität

Religiosität dagegen bezeichnet das Verhältnis von Distanz und Nähe der Religionsgemeinschaft mit ihrem Wertegefüge, den Verhaltenserwartungen und Wertedeutungen auf der einen Seite und dem Bewusstsein und dem Teilnahmeverhalten des Einzelnen auf der anderen Seite. Zum Thema wird Religiosität erst, wenn Religion von einer öffentlichen zu einer privaten Angelegenheit wird und der Einzelne sich von der Religion, der er angehört, in eigener Entscheidung entfernen kann. Die Religiosität des Einzelnen lässt sich demnach nur im Verhältnis zu einer bestimmten Religion oder zu einem Religionsverständnis beschreiben oder messen. Ohne Bezugsgrößen ist Religiosität weder messbar noch aussagbar.

Der weltweite »Religionsmonitor 2008« hat in der katholischen Kirche den Gottesdienstbesuch und das persönliche Gebet als die Kerndimensionen katholischer Religiosität hervorgehoben und im protestantischen Bereich das Interesse und die Teilnahme an jenen kirchlichen Angeboten ausgemacht, in denen es um Sinnfragen, um Deutungen des Lebens, um Bewältigung von Lebenskrisen geht. Religiosität ist auch außerhalb konfessioneller Prägungen in vielgestaltigen Transzendenzerfahrungen gegenwärtig.

2.1.4 Spiritualität

Der Begriff »Spiritualität« taucht zwar bereits im 5. Jahrhundert auf, wurde aber erst im 20. Jahrhundert zum »Modewort religiöser Gegenwartskultur« (Bochinger in: Metzler Lexikon Religion III, 360). Seit den 1960-er Jahren wurde das französische *spiritualité* durch katholische Theologen auch in der deutschen Sprache üblich, um eine kontemplative Lebensform zu charakterisieren. Im Englischen wird mit *spirituality* seit dem Ende des 19. Jahrhunderts die freie Haltung in religiösen Dingen bezeichnet, die sich im Gegensatz zu einem »blinden Dogmenglauben« sieht. Erst die New-Age-Bewegung hat »Spiritualität« im deutschen Sprachraum populär gemacht.

Inhaltlich verbindet sich mit dem Wort »Spiritualität« »direkte, unmittelbare persönliche Transzendenzerfahrung« (Knoblauch 730). In diesem Verständnis wird der Begriff sowohl von pfingstlerischen und charismatischen Bewegungen in und am Rande der Kirchen in Anspruch genommen, aber in noch höherem Maße von den vielen Zweigen des New Age, wie z. B. von Gruppen, die keltische und germanische Rituale und schamanische Techniken wiederbeleben und asiatische Meditationsformen praktizieren, sich Okkultismus, Magie und Esoterik aller Art widmen. Für die einen ist »spirituell« und »religiös« identisch, für die anderen ist gerade der Gegensatz wichtig. Die spirituellen Transzendenzerfahrungen können theistischer, pantheistischer oder mystischer Art sein. Fließend sind die Übergänge zur Popkultur, in der von Medien und kommerziellen Veranstaltern Massenevents religiösen Charakters inszeniert werden.

2.1.5 Glaube als dogmatische Wahrheit und Bekenntnis

«Glaube« und »glauben« haben bereits in der Alltagssprache viele Bedeutungen: Ich weiß nicht genau, ich vermute, ich halte für wahrscheinlich, ich nehme an; aber auch: Ich glaube – im Sinne von: Ich vertraue dir. In der Umgangssprache wird Glaube oft mit Religion oder mit Religiosität gleichgesetzt.

In Bezug auf Religion kann Glaube Unterschiedliches bezeichnen. Die Bedeutungsvarianten in den außereuropäischen Religionen müssen hier nicht aufgelistet werden. Gewisse Entsprechungen finden sich in allen großen Religionen. In jedem Fall wird mit Glaube das persönliche Verhältnis des Einzelnen zu einem religiösen Gegenüber zum Ausdruck gebracht. In der christlich-abendländischen Kultur und Sprache kann mit Glaube ganz formal und pauschal die Zugehörigkeit zu einer bestimmten Konfession gemeint sein.

Im deutschen Sprachraum ist die Vorstellung tief verankert, dass Glaube als die Zustimmung zu feststehenden kirchlichen Lehren über Gott, Welt und Mensch zu verstehen sei, und zwar als ein inhaltlich definiertes, irrtumsfreies, weil geoffenbartes Glaubenswissen, das in Dogmen vorgeschrieben und zu glauben vorgegeben ist. Dieses Glaubensverständnis wurde in der westlichen Christenheit entwickelt. In der römisch-katholischen Kirche wird es bis heute gelehrt und vom Katholiken als Leistung gefordert. Der Katechismus der katholischen Kirche (KKK) von 1993, der vom Papst als die »sichere Norm für die Lehre des Glaubens« und als authentischer Bezugstext für die Darlegung der katholischen Lehre der Öffentlichkeit vorgestellt wurde, lehrt: »Wir glauben alles, was im geschriebenen oder überlieferten Wort Gottes enthalten ist und was von der Kirche als von Gott geoffenbarte Wahrheit zu glauben vorgelegt wird.« (Deutsche Übersetzung in: AAS 90)

»Die Aufgabe, das Wort Gottes verbindlich auszulegen, wurde einzig dem Lehramt der Kirche, dem Papst und den in Gemeinschaft mit dem Papst stehenden Bischöfen anvertraut« (KKK 100). »Durch den Glauben ordnet der Mensch seinen Verstand und seinen Willen völlig Gott unter … Die Heilige Schrift nennt diese Antwort … ›Glaubensgehorsam‹«. (KKK 143) Dieses kognitive Glaubensverständnis als Zustimmung zu kirchlich vorgegebenen Glaubensinhalten (lat. *opinio*; engl: *belief*; dt. ich glaube, dass …) gilt weit über die römisch-katholische Kirche hinaus selbst bei Atheisten als das normative christliche Verständnis, gegen dessen zirkuläre Argumentation sich der »gesunde Menschenverstand« vorteilhaft in Stellung bringen lässt.

Martin Luther hat das Fürwahrhalten von Glaubenssätzen als »Köhlerglaube« bezeichnet. Gegenüber diesem kognitiven Zustimmungsglauben haben die Reformatoren das biblische Grundverständnis von Glauben als existenzielles **Vertrauen** (lat. *fides/fiducia*; engl. *faith*) wieder ins Zentrum gerückt. Es gilt nicht, dies oder jenes *über* Gott oder *über* Jesus für wahr zu halten, denn Jesus hat nirgendwo den Glauben an seine Person nahegelegt oder gefordert. Christlicher Glaube ist das Vertrauen und das Wagnis in ein Leben aus jener Grundhaltung der Liebe, die in Jesus wirklich und durch ihn auch für uns möglich geworden ist. Glaube besteht nach reformatorischem Verständnis nicht im zustimmungspflichtigen, geoffenbarten oder metaphysischen Wissen über Gott, sondern ist Vertrauen in jene Liebe, in der sich Göttliches, Heiliges oder Letztgültiges als menschliche Lebenswirklichkeit erfahrbar erweist. Glaube ist eine Verhältnisbestimmung.

Im kognitiven Glaubensverständnis geht es um das Verhältnis zu einem dogmatischen Kanon von Wissensinhalten über Gott; im existenziellen Verständnis geht es um das Vertrauen zu jenem Lebensgrund, der in Gestalt von sich schenkender Liebe *dem* Menschen erfahrbar wird, der es mit ihm wagt. Die religiöse Dimension von Glauben kommt überall dort ins Spiel, wo es darum geht, sich mit der ganzen Existenz auf einen Lebens*weg* einzulassen.

Dogmatische Glaubenswahrheiten sind als Forderungen nur in monotheistischen Religionen mit kognitivistischem Glaubensverständnis anzutreffen: im römischen Katholizismus, im Islam und in fundamentalistischen Gruppen. Die trinitarischen Symbole der Christenheit sind nur dann dogmatische Glaubenswahrheiten, wenn sie nicht als symbolischer Lobpreis, sondern als zustimmungspflichtige Inhalte verstanden werden. Die ausführliche Form des islamischen Bekenntnisses formuliert ebenfalls eine dogmatische Glaubenswahrheit. Sie lautet:

> »Ich glaube an Allah und seine Engel, seine Bücher und seine Gesandten, an den Jüngsten Tag, die Auferstehung nach dem Tode, die Vorherbestimmung seitens Allahs – die gute wie die schlimme –, an das Gericht, die Waage, das Paradies und das Höllenfeuer – das alles ist Wahrheit.«

Im Gegensatz zu den kognitiven dogmatischen Glaubenswahrheiten beziehen sich **religiöse Bekenntnisse** auf das existenzielle Wagnis eines bestimmten Lebensweges. Ein Beispiel ist etwa das buddhistische »dreifache Kleinod«, das jeder Novize beim Eintritt in ein buddhistisches Kloster dreimal zu sprechen hat.

> »Ich nehme meine Zuflucht zu Buddha,
> ich nehme meine Zuflucht zur Heilslehre (i. S. eines Lebensweges),
> ich nehme meine Zuflucht zur Ordensgemeinschaft.«

Bekenntnisse sind grundsätzlich keine dogmatisch feststehenden ewigen Glaubenswahrheiten, an deren Formulierung zu glauben wäre. Das gilt bereits für die ältesten Bekenntnisformulierungen. Der altrömischen Formel »*kyrios Augustus*«, die den Kaiser mit Gott gleichsetzte und ihm gegenüber Gehorsam forderte, wurde schon in der ersten Christengeneration der Bekenntnisruf entgegensetzt: »*Kyrios Jesus*! Das heißt, der Herr, auf den wir hören, ist Jesus!« (1Kor 12,3; Phil 2,11). Daran wird deutlich, dass es nicht um eine kognitive Zustimmung zu einer Wesensaussage über Jesus geht, sondern um die Entscheidung für einen Lebensweg, der in der frühen Christenheit lebensgefährlich sein konnte.

Auch die altkirchlichen Bekenntnisse des 4. und 5. Jahrhunderts, die als Symbole bezeichnet werden, waren nicht als Dogmen gedacht, sondern sollten in den damals aktuellen Klärungsprozessen eine sprachliche Brücke zwischen den unterschiedlichen Versuchen sein, die Bedeutung Jesu verständlich zu machen. Sie waren darauf angelegt, ein Auslegungsmonopol der einen oder anderen Seite zu verhindern.

Die Glaubenszeugnisse der Reformationszeit zeigen durch ihre Vielzahl bereits an, dass es ihnen nicht darum ging, ein vollständiges dogmatisches System festzuschreiben, sondern nur darum, in der historisch aktuellen Situation das Klärungsbedürftige vom eigenen Glaubensverständnis her zu klären. Ein uns zeitlich noch naheliegendes Beispiel ist die »Barmer Theologische Erklärung« von 1934, in der gegenüber der staatlichen Ideologie des Nationalsozialismus die Position der evangelischen Christen zum Ausdruck gebracht wurde.

Bekenntnisse sind in aktueller Situation gefordert. Sie sind stets selektiv auf jene Probleme bezogen, vor die eine Glaubensgemeinschaft – meist regional – gestellt wird. Ändert sich die historische Situation, so verlieren sie ihren Bekenntnischarakter und werden zu historischen Dokumenten.

Das jüngste Beispiel eines solchen Bekenntnisses ist die »Leuenberger Konkordie« von 1973. Darin stellen die protestantischen Kirchen fest, dass die gegenseitigen Verwerfungen des 16. Jahrhunderts durch geschichtliche Denkformen bedingt wa-

ren und nicht mehr gelten. Sie erklären darin ihre Kirchenge-
meinschaft als Kanzel- und Abendmahlsgemeinschaft; sie geben
einander die Freiheit, ihre Ordnungen gemäß ihren Traditionen
zu gestalten und verpflichten sich zum Dialog aus dem Geiste
Jesu. Dieses Bekenntnis schließt einen Klärungsprozess ab und
öffnet den Weg in eine gemeinsame Zukunft.

2.1.6 Kirche, Kult, Ritual und Riten

Nach volkstümlicher Vorstellung gehört zu einer Religion auch
eine überregional organisierte Institution entsprechend einer
christlichen Kirche, charakterisiert durch eine hierarchische
Priesterschaft, verbindliche religiöse Inhalte, rechtliche Ordnungen und Mitgliedschaft. Religionsgeschichtlich gesehen ist das
aber die Ausnahme. Wir müssen uns auch für das Christentum
von der hartnäckigen Behauptung verabschieden, dass Jesus eine
Kirche im Sinne einer organisierten Glaubensgemeinschaft ange-
stoßen oder gar selbst gegründet hätte. Jesus hat den Anbruch
einer neuen Welt ausgerufen und er erwartete noch für seine
Generation das Ende der gegenwärtigen Weltzeit des Bösen. Das
Wort »Kirche« (*ekklesía*) taucht in der Jesusüberlieferung der
Evangelien nicht auf. Eine auf Dauer angelegte Organisation von
Glaubensgemeinschaften konnte erst entstehen, als die Erwartung des nahen Endes verblasste und die Gemeinden Ende des
1. Jahrhunderts begannen, sich in der bestehenden Welt als
Inseln des Reiches Gottes zu verstehen und einzurichten. Überre-
gionale Strukturen zeichnen sich erst ab der Mitte des 2. Jahr-
hunderts ab (Fischer 2010, 44ff).

Die altrömischen und altgriechischen Kulte waren innerhalb
ihrer stadtstaatlichen Bereiche zwar reguliert, aber nicht überregional zusammengeschlossen und organisiert. Selbst die Weltreligionen Judentum und Islam und die protestantischen Kirchen
haben und brauchen nichts, was dem globalen Zentralismus der
römisch-katholischen Kirche entspricht. Religionen organisieren

sich so, wie es ihrem Wesen entspricht und reagieren dabei auf die historischen Bedingungen.

Die auffälligste Ausdrucksform einer Religion ist ihr **Kult.** Als »Kult« bezeichnen wir heute das gesamte rituelle Repertoire einer Religion. Der Begriff »Kult« ist vom lateinischen *cultus deorum* abgeleitet. Er umfasste alle Formen der Verehrung von Göttern. Das **Ritual** ist ein kultischer Handlungskomplex, wie z. B. eine kultische Mahlfeier oder ein Aufnahmeritual wie die Taufe. Als **Ritus** bezeichnet man den kleinsten Baustein eines Rituals wie z. B. das Eintauchen des Täuflings in Wasser in den orthodoxen Kirchen oder das Übergießen mit Wasser in den westlichen Kirchen.

Die kultischen Höhepunkte der Religionen sind ihre Feste. Sie sind in den Naturreligionen durch die jahreszeitlichen Vorgänge vorgegeben und inhaltlich bestimmt. In den Weltreligionen werden die spezifischen Vergegenwärtigungen göttlichen Handelns in das Naturjahr eingebunden. In der allgemeinen Wahrnehmung werden Religionen am Erscheinungsbild ihrer kultischen Handlungen identifiziert, zu denen auch das regionale Brauchtum in der bäuerlichen Welt und rituelle Verhaltensweisen wie Bekreuzigen oder magische Praktiken gehören. Historisch angemerkt sei, dass die Versammlungen der frühen Christen im Gegensatz zu den zeitgenössischen hellenistischen Kulten keine Opferhandlungen enthielten und den Christen auch deshalb den Vorwurf des Atheismus einbrachten. Im Kult kommen die Inhalte einer Religion in symbolischer Darstellung als Handlung zur Sprache. Es ist aber ein verhängnisvolles Missverständnis, das Symbol mit dem gleichzusetzen, was es symbolisiert. Deshalb wird auch nach der Sprache der Religion zu fragen sein.

2.1.7 Mystik

Karl Rahner, der große katholische Theologe des 20. Jahrhunderts, hat in den 1930-er Jahren prognostiziert: »Der Fromme von morgen wird ein ›Mystiker‹ sein, der etwas erfahren hat, oder er wird nicht mehr sein.« Dem werden nicht alle Katholiken zustimmen, aber das Wort »Mystik« hat für sich genommen vielleicht gerade wegen seiner Unschärfe, bereits eine geheimnisvolle Tiefe, die es bei uns weit über die kirchliche Religiosität hinaus als attraktiv erscheinen lässt. In vielen New-Age-Kreisen gehören mystische Erlebnisse zu den Standard-Versprechen. Hohen Marktwert haben rauschhafte Entrückungszustände unter dem Etikett der »Mystik« auch in säkularen Bereichen wie in Massenveranstaltungen der Popkultur und in Fußballstadien, beim Bergwandern oder am Strand von Hawaii. Mystik ist zum wohlfeilen Synonym für Erlebnisse geworden, die jeder und jede als »irgendwie religiös« qualifizieren kann.

Die Worte »Mystik«, »mystisch« und »Mysterium« haben ihre Wurzeln im europäischen Kulturraum. In den griechischen Mysterienreligionen musste der Einzuweihende beim Kultakt der Initiation seine Augen und Lippen schließen (gr. *mýein*) und versprechen, das ihm vermittelte Geheimwissen nicht zu verraten. Die Gottheiten der Mysterienkulte waren ursprünglich Vegetationsgottheiten. Der Myste wusste sich mit dem Sterben und dem Wiederaufleben seiner Gottheit verbunden und schöpfte daraus seine Hoffnung auf ein Fortleben, auch nach seinem Tod. Mit der Ausrichtung über diese Welt hinaus auf das Jenseits standen die Mysterienkulte in einem Gegensatz zu den offiziellen Kulten des römischen Staates, die nur das irdische Wohlergehen im Blick hatten.

In der Spätantike wurde in der neuplatonischen Philosophie das Wort »mystisch« im Sinne von »geheimnisvoll« verwendet. So bezeichnete man die Schriften des Pythagoras und des Demokrit als »mystisch«. In der Theologie werden schwer verständliche Stellen der Bibel oder schwer begreifliche Dogmen als »mystisch«, nämlich »geheimnisvoll und unergründbar tief« eingestuft.

Das Adjektiv »mystisch« wurde schließlich zu dem Substantiv »Mysterium« (Geheimnis) vergegenständlicht und ab dem 2./3. Jahrhundert mit »*sacramentum*« übersetzt. Das Mysterium wurde zum Wesensmerkmal Gottes erhoben, und damit wurde alles Göttliche zum Mysterium: die Sakramente wie Taufe und Eucharistie, die Kirche, der Glaube, ja selbst die Theologie in Gestalt der negativen und mystischen Theologie. Für die römisch-katholische Dogmatik ist es bis heute charakteristisch, dass sie einerseits die genannten Mysterien genau definiert und andererseits deren Mysterien-Charakter betont und zwar als Hinweis darauf, dass viele Glaubensinhalte auch nach der Offenbarung dem Intellekt nicht vollständig einsichtig werden. Die reformatorischen Kirchen haben dieses Mysteriendenken nicht übernommen.

Neben der Qualifikation von Göttlichem als »mystisch« oder »Mysterium« ist mit dem Wort »Mystik« noch eine zweite Bedeutungsvariante geschichtswirksam geworden. Der christliche Neuplatoniker Dionysius Areopagita (um 500) bringt ein Konzept ins Gespräch, das auf eine Art direkter Gotteserfahrung hinausläuft. Dionysios entfaltet, wie wir Menschen, angeleitet durch die sakramentalen Riten der Liturgie, in einer Stufenfolge von Läuterung – Erleuchtung – Vervollkommnung zu Gott aufsteigen und uns mit ihm auf eine Weise vereinigen können, die den Verstand übersteigt. Dieser Weg der mystischen Gotteserfahrung wurde vor allem in der östlichen Christenheit aufgenommen, fand aber auch im Westen Nachfolger: Hildegard von Bingen († 1179), Franz von Assisi († 1226), Mechthild von Magdeburg († 1280). Die deutsche Mystik hatte ihre Blütezeit im 14. Jahrhundert mit Meister Eckhart, Johannes Tauler und Heinrich Seuse und lebte im 16. und 17. Jahrhundert mit Jakob Böhme und Angelus Silesius noch einmal auf.

Das mystische Erlebnis vollzieht sich jenseits der Begriffsprache und kann auch von den Mystikern selbst nur in unangemessener Weise sprachlich zum Ausdruck gebracht werden, zum

Beispiel als ein Einswerden mit Gott, als ein Aufgehen des Menschen in Gott, im Göttlichen, im Unendlichen, im All-Einen, im Nichtseienden, kurz: als Vereinigung mit einer als heilig qualifizierten Wirklichkeit.

Diese Erfahrung oder Praxis der *unio mystica* (mystischen Vereinigung) ist ein Phänomen, das uns in vielen Religionen und in vielen Praxisvarianten begegnet, auf das hier nicht näher einzugehen ist. In der Mystik mit theistisch-personalem Hintergrund wird die Einigungserfahrung als ein Aufgehen des menschlichen Ich im göttlichen Du geschildert. In der Mystik mit nichtpersonalem monistischen Hintergrund wie in östlichen Religionen wird vom Eingehen in das All-Eine, in das Nichtseiende gesprochen. In der mystischen Erfahrung mit pantheistischem oder panentheistischem Hintergrund wie in Naturreligionen, wenn Gott als identisch mit der Welt oder das Weltganze als in Gott enthalten verstanden wird, werden außen und innen eins, werden Gott und Natur austauschbar, verschmelzen Mensch, Gott und Natur zur Einheit. In Europa ist mit der Romantik eine Mystik außerhalb von Religion und Theologie entstanden, die unter dem Stichwort »Gefühl« alle naturreligiösen Formen annehmen konnte.

2.2 Die Entwicklung der Religionswissenschaften

Bis in das 19. Jahrhundert wurde das Thema Religion aus der Sicht wie auch nach den inhaltlichen Vorgaben des Christentums verhandelt, selbst in den religionskritischen Äußerungen. Die Kritik bezog sich wesentlich auf die Gottesfrage und sie ging davon aus, dass Religion durch die Erkenntnisse der Vernunft aufgelöst wird. Es galt nur zu begründen, warum und wie das absehbare Ende der Religion zu erwarten ist oder herbeigeführt werden kann.

2.2.2 Die Entwicklung um 1900

Ab dem letzen Drittel des 19. Jahrhunderts bildeten sich im religionskritischen Klima die Religionswissenschaften als eigenständige akademische Fächer mit definierten Forschungszielen heraus, und zwar losgelöst von der Theologie, wenn auch nicht ohne Kontakt zu ihr. Seit der Romantik wurden altorientalische, altpersische und altindische Religionstexte philologisch zugänglich gemacht und die ägyptischen und mesopotamischen Keilschriften erschlossen. Ethnologische Studien lieferten vielfältiges religiöses Quellenmaterial. Die Mythenforschung schärfte den Blick für symbolische Denkformen und für die Logik anderer Sprachen und Weltverständnisse. Das alles wurde in einem Forschungszweig zusammengeführt, der seit etwa 1900 unter der Selbstbezeichnung »Religionsgeschichtliche Schule« vor allem den Bibelwissenschaften Richtung und Impulse gab.

Bis in den Ersten Weltkrieg vollzog sich die religionswissenschaftliche Forschung im Kontext und mit Vorgaben der westlichen Kultur. Sie verstand sich nicht als Normwissenschaft, sondern sie fragte nach Entstehung, Entwicklung und Wesen von Religion, nach deren Erscheinungsformen, Typen und Funktionen. Sie wollte weder mit Theologie noch mit Religionsphilosophie konkurrieren, sondern konzentrierte sich als empirische Wissenschaft auf ihre Forschungsziele, von denen noch zu sprechen sein wird. Der erste religionswissenschaftliche Lehrstuhl wurde 1873 in Genf eingerichtet.

Da die religionswissenschaftlichen Forschungszweige auf dem gleichen Gebiet und z. T. mit gleichen Fragestellungen arbeiteten wie die Theologie und damit deren Monopol für Religion infrage stellten, standen auch im Gefüge der Universitätsdisziplinen notwendige Klärungen an. Der Kirchen- und Dogmenhistoriker und Rektor der Universität Berlin, Adolf von Harnack, wollte verhindern, dass die theologischen Fakultäten zu religionswissenschaftlichen umgestaltet wurden und drängte diese Disziplinen in die philosophischen und kulturwissenschaftlichen Fachbereiche ab. Ernst Troeltsch, Repräsentant der religionsgeschichtlichen Schule, der im Gegensatz zu Harnack dem Christentum keine Sonderstellung zugestehen wollte, plädierte hingegen dafür die religionswissenschaftlichen Disziplinen in die Theologie zu integrieren.

2.2.3 Der nicht vorhersehbare Abbruch einer Entwicklung in der Theologie

Der Streit darüber, in welchen Fachbereich die Religionswissenschaften zu integrieren seien, wurde nicht von den genannten Kontrahenten der zu dieser Zeit dominierenden liberalen Theologie entschieden, sondern durch eine Entwicklung an ganz anderer Stelle. Es war – vereinfacht gesagt – die Religionskritik, die der Schweizer Theologe Karl Barth (1886–1968) ins Gespräch brachte. Als Kopf der gegen den Liberalismus gerichteten Protestbewegung beanspruchte die dialektische Theologie die Deutungshoheit über Religion für die christliche Gottesoffenbarung. Aus dieser Sicht war Religion eine »Angelegenheit des gottlosen Menschen« (Barth 1948, 327). Barth warf der liberalen Theologie vor, sie habe nicht Gott, sondern den Menschen zu ihrem Thema gemacht, weil sie »nicht die Religion von der Offenbarung, sondern die Offenbarung von der Religion her gesehen und erklärt« habe (309). Diese Umkehrung wollte Barth wieder rückgängig machen, weil »die Religion überhaupt nur von der Offenbarung her zu sehen oder zu bestimmen ist« (323). Der Wiener Theologe Falk Wagner fasst zusammen: »Mit den Argumenten der Religionskritik löst er (Barth) den Religionsbegriff auf und ersetzt seine Funktion durch den Offenbarungsbegriff. Auf diese Weise schert der christliche Glaube – der vorgegebenen Offenbarung gehorsam – aus dem Verband der Religionen aus, die dem Illusionsverdacht preisgegeben sind. Dadurch kommt es zugleich zu einem weitgehenden Stillstand der religionsphilosophischen und religionswissenschaftlichen Arbeit in der deutschsprachigen evangelischen Theologie (Wagner in:

Wörterbuch des Christentums, 1054). Das als »religiös« Gekennzeichnete wird derart abgewertet, dass es für ein halbes Jahrhundert aus dem theologischen Horizont ausgeblendet bleibt. Die sich konstituierenden religionswissenschaftlichen Disziplinen siedelten sich in nichttheologischen Fachbereichen an. Der Systematiker Paul Tillich, der 1933 seinen Frankfurter Lehrstuhl verlor und in die Vereinigten Staaten ging, hat das Thema Religion zeitlebens in der theologischen Reflexion gehalten. Seine englischsprachigen Texte, die erst in der zweiten Hälfte des 20. Jahrhunderts übersetzt wurden, hatten bis dahin angesichts der Dominanz der dialektischen Theologie nur geringe Chancen, gehört zu werden.

2.2.4 Die Wiederentdeckung der Religion

Erst im letzten Drittel des 20. Jahrhunderts ist das Thema Religion wieder in das Blickfeld der Theologie getreten. Es wäre freilich eine Selbsttäuschung, diese Wiederentdeckung der Religion durch die Theologie auf ein wieder erwachendes gesellschaftliches Interesse an Religion zurückzuführen. Empirisch lässt sich in den letzten Jahrzehnten kein Ansteigen, sondern ein Absinken des wie immer definierten Religiositätsniveaus in Westeuropa registrieren. Freilich hängen alle in Fragen der Religion ermittelten Messwerte vom Maßstab, vom Interesse und von der Bewertung des Fragenden ab. Feststellbar ist allerdings, dass religiöse Elemente, die traditionell dem kirchlichen Bereich zugeordnet sind, vermehrt in säkularen Feldern auftauchen, z. B. in der Popmusik, in der Kunst (z. B. in Engeldarstellungen), im Fiction-Film und in einer Flut von Esoterik-, Beratungs- und psychologischen Angeboten. Es hat also guten Sinn und ist auch nötig, dass die Theologie in ihrer Wahrnehmung von Lebenswirklichkeit aus der kirchlichen Engführung heraustritt und die religiösen Praktiken und Ausdrucksformen der Zeitgenossen zur Kenntnis nimmt, ohne diesem Trend selbst zu verfallen. Die Äußerungsformen von Religion haben sich im letzten Jahrhundert in der westlichen Kultur signifikant geändert. Was das für die Zukunft der Religion und was das für die Verkündigung der christlichen Botschaft bedeutet, ist erst abzuschätzen, nachdem geklärt ist, von welcher Art Religion die Rede ist und was uns die Religionswissenschaften an Faktenwissen liefern.

2.3 Paradigmen des Weltverstehens

In der Entwicklung des menschlichen Geistes begegnen uns unterschiedliche Formen, die Welt zu erfassen, zu erklären und auf sie einzuwirken. Da Religion von ihren Anfängen an mit Kultur eng verbunden ist, sind auch die jeweiligen Paradigmen für das Verstehen von Welt und das menschliche Einwirken auf sie in unterschiedlicher Weise und Gestalt zu erwarten. Der Kulturphilosoph Jean Gebser unterscheidet drei Paradigmen: das magische, das mythische und das rationale Bewusstsein. Es mag offenbleiben, ob diese Bewusstseins-Niveaus als ein notwendiges Nacheinander vorgestellt werden müssen. Feststellbar bleibt, dass besonders im religiösen Bereich selbst bei den heutigen Mitteleuropäerinnen und -europäern alle drei Bewusstseinsebenen nebeneinander anzutreffen sein können. Das wirft Probleme für die Vermittlung und für das angemessene Verständnis der magischen und mythischen Vorstellungen auf.

2.3.1 Das magische Paradigma
Was unter Magie zu verstehen ist, lässt sich leichter beschreiben als allgemeingültig definieren. Magie ist ein kulturelles Phänomen, das auch in der Religion eine Rolle spielt. Magisches Denken gehört zum Weltverständnis des Dynamismus. Dort wird die Welt als ein Spiel von unpersönlichen Kräften verstanden, die in der Welt herrschen und mit denen sich der Mensch auseinandersetzen muss. Einzelne dieser selbstwirkenden Kräfte kann der Mensch für sich einsetzen, um mit ihnen etwas zu bewirken. So

lassen sich die vorgeschichtlichen Tierzeichnungen und -malereien in den Höhlen der Steinzeit als Jagdmagie verstehen, mit denen man Macht über die dargestellten Tiere zu erlangen hoffte. Im magischen Denken werden durch Gegenstände, Worte oder Riten und den ihnen zugeschriebenen immanenten Kräften bestimmte Wirkungen herbeigeführt. Dieser magischen Denkweise zuzuordnen ist auch das Tragen von Amuletten, der Besitz und das Berühren von Reliquien (Splitter des Kreuzes Jesu, Zahn Buddhas, Milch der Heiligen Jungfrau, Trierer Rock, Gebeine der heiligen drei Könige u. a. m.). Zur Wortmagie gehören die Fluch- und Segensformeln und kirchliche Benediktionen. Die Substanzmagie hat sich in der Vorstellung erhalten, wonach die Elemente des Abendmahles selbst heilige Substanzen darstellen oder Riten durch ihre exakte Ausführung aus sich selbst das ihnen Zugeschriebene bewirken, nämlich Menschen, Tiere, Häuser gegen das Böse zu schützen, Menschen durch Weihe in einen höheren Stand zu erheben, Gebäude oder Gegenstände in etwas Heiliges zu verwandeln u. a. m.

2.3.2 Das mythische Paradigma

Die mythische Denkweise setzt ein polydämonistisches oder ein polytheistisches Weltverständnis voraus, wie aus den Inhalten der Mythen zu schließen ist. Das konnte sich erst entfalten, nachdem die Kleingruppen der Jäger und Sammler sesshaft geworden waren, als Viehzüchter und Ackerbauern Siedlungen, Städte und größere Wirtschaftseinheiten errichteten und auch über die Sippen hinaus großräumigere gesellschaftliche Gebilde mit gemeinsamen religiösen Vorstellungen und Einrichtungen schufen.

Mythen sind Erzählungen, in denen sich die Mitglieder einer Großgemeinschaft ihrer gemeinsamen Herkunft, ihrer Zusammengehörigkeit, ihrer Leitwerte, Ordnungen und sakralen Einrichtungen vergewissern. In den Mythen formulieren Glaubens- oder Volksgemeinschaften ihre Identität. In Schöpfungsmythen wird nicht nur das Werden des Kosmos veranschaulicht, sondern auch die Einheit einer Gruppe begründet (z. B. Exodus-Mythos). Naturmythen zeigen, wie Werden und Vergehen, wie Säen, Wachsen und Ernten geordnet sind (Naturreligionen). Kulturmythen machen die Eigenheiten der gelebten Kultur (z. B. Sabbat) verständlich. Mythen zu Kernfragen jeden menschlichen Lebens handeln von Schuld, Sünde und Sterblichkeit des Menschen.

Der Mythos erzählt von einem einmaligen Geschehen in einer unserer Weltzeit vorausliegenden Urzeit. In den mythischen Ereignissen der Urzeit sieht man das gegenwärtige Leben begründet, erklärt und geprägt. Während im magischen Paradigma noch unpersönliche Mächte tätig waren, ordnen, bestimmen und lenken jetzt menschenartig vorgestellte Gottheiten alles Leben und Geschehen. Der Mensch selbst aber ist sich seiner Möglichkeiten als Gestalter des persönlichen und gesellschaftlichen Lebens noch nicht bewusst. Die Ordnungen des Lebens werden als vorgegeben angenommen. Die Jesus-Geschichte ist bereits durch Paulus und Johannes als ein mythisches Geschehen verstanden und formuliert worden. Als das Verständnis für die mythische Denkweise verloren ging, wurden die Inhalte als historische Aussagen genommen. Das führte in die Sackgassen des Dogmatismus und des Fundamentalismus.

2.3.3 Das rationale Paradigma

Weltweit kündigte sich in der Mitte des ersten Jahrtausends vor Christus ein Wandel des Weltverstehens an. Er was in Persien mit dem Namen Zoroaster/Zarathustra verbunden, in Indien mit Buddha, in China mit Laotse und Konfutse/Konfuzius. In Israel stellten die Propheten den traditionellen Kult infrage und forderten stattdessen vom Einzelnen ein verantwortungsvolles Handeln gegenüber den Unterdrückten, Schwachen und Armen. In der griechischen Kultur kritisierten die ersten Philosophen (Thales, Anaximander, Xenophanes, Pythagoras, Anaxagoras) die Göttermythen und deren anthropomorphe Gottesvorstellung. Pythagoras bezweifelte sogar, dass Götter überhaupt existierten und dass sie zu erkennen seien. In seiner Kritik des Gottesglaubens deutet sich an, dass der Mensch sich seines eigenen Denkens und seiner Möglichkeiten bewusst wird. Mit diesen rationalen Möglichkeiten befragte er jetzt auch die Vorstellungen und Rituale der überkommenen Religion.

Im Volksglauben lebte das mythologische Paradigma fort, freilich weithin unverstanden oder missverstanden. Im Laufe der Zeit verblasste nämlich die Bedeutung der Mythen für das Leben der Gegenwart und ihre Inhalte versteinertn zu historischen Daten, denen der Gläubige nur noch kognitiv zuzustimmen hatte. In der Theologiegeschichte verbanden sich die Mythen mit dem rationalen Paradigma zu vielgestaltigen Amalgamen, die in Dogmen und Katechismen festgeschrieben werden.

Die europäische Philosophie entwickelte sich daneben zu einem eigenständigen Strang, in welchem die elementaren Fragen menschlichen Lebens nach den Regeln der jeweiligen Rationalität erörtert wurden. Einen Höhe- und Endpunkt erreichte die rationale Kritik der Religion im Sinne des Glaubens an einen Gott seit der Mitte des 19. Jahrhunderts. Mit Ludwig Feuerbach, Friedrich Nietzsche und Sigmund Freud mündete die rationale Kritik in eine Art Feier des Atheismus und der Religionslosigkeit. Nach einem Jahrhundert der Grabgesänge auf Religion stellt sich jedoch heraus, dass die Totgesagte lebt, freilich in anderen Dimensionen als jenen, in denen man sie so gern sterben sah.

2.3.4 Das naturwissenschaftliche Paradigma

Auch wenn das naturwissenschaftliche Paradigma bereits in der griechischen Philosophie angelegt war, wurde es erst in der Physik des 20. Jahrhunderts konsequent vollendet und zum zum Maß aller Dinge erhoben. Die führenden Naturwissenschaftler haben inzwischen freilich den Totalitätsanspruch auf Wahrheit für ihre Aussagen aufgegeben und den Wahrheitsanspruch ihrer

Aussagen auf den Bereich ihrer Annahmen (Axiome, Prämissen) für die jeweilige Forschung begrenzt.

Im allgemeinen Bewusstsein gelten hingegen naturwissenschaftliche Aussagen zunehmend als das allgültige Maß für Wahrheit und für Wirklichkeit. Für diesen Bewusstseinshintergrund, in welchem die ehemals selbstverständlichen religiösen Vorgaben nicht mehr gelten, ist in Theologie und kirchlicher Verkündigung noch keine Sprache in Sicht, in der die Botschaft Jesu überzeugend ausgedrückt werden könnte.

2.4 Das Religionsverständnis der verschiedenen religionswissenschaflichen Disziplinen

Mit der Entdeckung fremder Kulturen kamen auch fremde Religionen in den Blick. Man erkannte die Relativität der eigenen Religion und begann nach den Eigenheiten anderer Religionen zu fragen. Die so entstandenen Religionswissenschaften fielen in der Aufklärungszeit mit antichristlichen Tendenzen zusammen und nahmen daher oft die Gestalt einer Kritik des Christentums an.

Die Forschungen zu einzelnen Religionen siedelten sich bei schon bestehenden Disziplinen an, so z. B. bei Indologen, Ägyptologen, Orientalisten oder bei entsprechenden Philologien. Als die Religionen weltweit in den Blick kamen, bildeten sich um 1900 ein historischer und ein systematischer Zweig der Religionswissenschaften heraus. Der **historische Zweig** erforscht und erschließt die schriftlichen Dokumente der einzelnen Religionen und die von einer Religion hervorgebrachten kulturellen Schöpfungen: die Musik und deren Instrumente, die Werke der bildenden Kunst und der Architektur, die religiösen Gebrauchsgegenstände, die kultischen Handlungen und Rituale. Diese historischen Forschungen bilden die Basis für den **systematischen Zweig** der Religionswissenschaften. Die systematische Arbeit richtet sich auf das, was allen religiösen Erscheinungen gemeinsam ist. Sie vergleicht Religionen, ordnet sie nach Typen und Schwerpunkten. Kurz: Die Religionswissenschaft sieht ihre Aufgabe darin, »die Fülle der historisch gewordenen Religionen geschichtlich zu erforschen, verstehend darzustellen und systematisch zu untersuchen« (Klimkeit in: Lexikon der Religionen, 561f).

Die Religionswissenschaft versteht sich als eine historisch-empirische Wissenschaft. Sie bezieht sich nur auf das, was empirisch erfassbar ist. Sie betrachtet also Religion aus der Außenperspektive und sie bemüht sich, unabhängig und ohne normative Vorgaben und Bedingungen die religiösen Sachverhalte in ihrem historischen Kontext zu betrachten. Damit setzt sie sich betont von jeder Art bekennender Theologie und Philosophie ab. Das Ziel einer Art objektiver Religionswissenschaft ist bei allem Bemühen freilich nicht einlösbar. Denn eine religiös oder weltanschaulich indifferente Hinsicht auf Religion ist selbst eine religiöse Position, die sowohl die Perspektive wie auch die Auswahl der inhaltlichen Schwerpunkte mitbestimmt und die methodisch bereits vieles ausschließt, was für Religion wesentlich ist, nämlich das existenzielle Engagement und die Impulse für die persönliche Lebensgestaltung. Was als Religion dabei in den Blick kommt, ist stets nur die Perspektive, die im jeweiligen wissenschaftlichen Konstrukt von Religion bereits angelegt ist. Wir haben es in jedem Falle mit reduktionistischen Perspektiven zu tun. Dagegen ist nichts einzuwenden, solange bewusst bleibt, dass mit der jeweiligen Hinsicht auf Religion eben *eine* von vielen Perspektiven und nicht die gesamte Realität von Religion zum Ausdruck gebracht wird. Grundsätzlich gilt: »Für die Religionswissenschaft ist Religion eine ausschließlich kulturelle (d. h. von Menschen) gemachte Erscheinung.« (Kehrer in: HrwG IV, 425) Angesicht der vielen Möglichkeiten, Religion zu betrachten, ist eine wissenschaftlich konsensfähige Definition grundsätzlich nicht einlösbar und gegenwärtig weder angestrebt noch in Sicht.

Die Chancen, sich für eine bestimmte Hinsicht und Methode der Forschung auf eine Definition zu einigen, stehen besser.

2.4.1 Religionsgeschichte

In der religionsgeschichtlichen Forschung wird Religion heute nicht mehr als ein isoliertes Einzelphänomen betrachtet. Religion begegnet uns nur in Gestalt von Religionen, deren jede in einen kulturellen Kontext eingebunden ist, den sie selbst mitprägt. So kann Religion einerseits in ihrem Werden und in ihren Wandlungen als eine Komponente von Kultur und ihrer kulturellen Bedingtheit betrachtet werden, andererseits aber auch in ihrer Wirkung auf das kulturelle und gesellschaftliche Geschehen hin untersucht werden. Religionshistorikerinnen und -historiker stellen also nicht historisch dokumentierte Tatsachen objektiv fest, denn er selbst steht ja in einem kulturellen Kontext und seine Aussagen sind daher »Ergebnis einer Interaktion zwischen den Forschenden und ihren Quellen, bei der den Forschenden durchaus ein Stück weit die Rolle eines »Konstrukteurs« zukommt« (Hock 28). Bei der Frage nach Werden und Wandel von Religionen müssen Forschende, um ihren Forschungsgegenstand überhaupt zu definieren, ihr Verständnis von Religion bereits einbringen. Und diese Perspektive kann auch durch selbstkritische Reflexion nicht vollständig neutralisiert werden. Da Religionshistoriker ihr Blickfeld nicht auf seine kulturbedingte Sicht begrenzen dürfen, müssen sie für Religion alles in Betracht ziehen, was Menschen unternehmen, um sich selbst und als Gruppe innerhalb der gegebenen Lebensbedingungen lebensdienlich zu orientieren.

2.4.2 Religionsphänomenologie

Eine Forschungsrichtung unter der Bezeichnung »Religionsphänomenologie« taucht Ende des 19. Jahrhunderts auf. Ein Phänomen bezeichnet das, was erscheint. Phänomenologie ist die Lehre oder Wissenschaft von den Erscheinungen. Demnach ist

Religionsphänomenologie die Wissenschaft von den religiösen Erscheinungsformen. Dabei werden religiöse Phänomene als eigenständige Tatbestände verstanden, die auf unterschiedliche Art und Weise befragt und untersucht werden können. Der Religion wird all das zugerechnet, was das Verhältnis der Menschen zu einer übergeordneten Macht betrifft.

- Die religiösen Erscheinungsformen werden beschrieben, miteinander verglichen und nach bestimmten Merkmalen geordnet. Als Vater dieser **beschreibenden Religionsphänomenologie** gilt Pierre Daniel Chantepie de la Saussaye (1848–1920).

- Gegenstand und Ziel kann auch sein, den über das Faktische hinausgehenden tieferen Sinn der religiösen Phänomene zu verstehen. Dahinter steht die Vorstellung, dass Gott, Götter, das Heilige oder eine ungreifbare Macht sich in religiösen Erscheinungen manifestieren und die Quelle religiöser Sinngehalte sind. Klassische Vertreter der **verstehenden Religionsphänomenologie** sind Gerardus van der Leeuw (1890–1950), Friedrich Heiler (1892–1967) und Mircea Eliade (1907–1986).

- Seit den 70-er Jahren des 20. Jahrhunderts werden die religiösen Phänomene auch auf ihre Intention hin befragt. Dabei werden die Religionen als »zusammenhängende, aber wesentlich offene Zeichen- und Symbolsysteme« verstanden (Waardenburg in: TRE 28, 743), die als menschliche Konstruktionen in ihrem Werden, ihren Veränderungen und Vergehen analysierbar sind. Repräsentant dieser **Intentionsforschung** ist Jacques Waardenburg.

- Da alle Religionsphänomenologie sich auf die religiöse Interpretation von Erfahrungen stützt, kann und muss Forschung auch danach fragen, wie Erfahrungen durch Menschen gedeutet werden, sei es als die Erfahrung einer göttlichen Macht, sei es als Antwort auf menschliche Probleme, sei es als Ausdruck dafür, wie dem Leben Sinn zuerkannt wird. Damit öffnet sich Religionsphänomenologie auch für Phänomene, die man bisher als pseudoreligiös oder nichtreligiös gewertet hat.

2.4.3 Religionssoziologie

Die Religionssoziologie untersucht die Wechselbeziehung zwischen Religion und Gesellschaft, und zwar im Blick auf die modernen Gesellschaften. Die Erforschung der frühesten, der alten und der fremden Kulturen ist eher Sache der Völkerkunde und der Religionsethnologie, auf die hier nicht näher einzugehen ist. Für den Religionssoziologen stellt sich religiöses Handeln als ein Teilbereich des sozialen Handelns dar. »Religiöses kommt als Ausdruck von Sozialem in den Blick und wird im Rückgriff auf Soziales erklärt.« (Hock 79) Die soziologischen Fragestellungen werden auf die religiösen Phänomene angewendet. Die Forschung bewegt sich in dem Zirkel von Religion und Gesellschaft.

Fragen dieser Art hat bereits der französische Philosoph Auguste Comte (1798–1857) aufgeworfen. Karl Marx (1818–1883) und andere haben diese Sicht zur Religionskritik ausgebaut. Diese Vorläufer einer wissenschaftlichen Religionssoziologie waren davon überzeugt, dass Religion ein überholtes Stadium der Menschheitsentwicklung darstellt und in unserer Welt zum Absterben verurteilt ist.

Eine Religionssoziologie im wissenschaftlichen Sinn wurde erst durch Émile Durkheim (1858–1917) und Max Weber (1864–1920) begründet. Durkheim fragt nach »sozialen Tatsachen« und nach deren Bedeutung für die Gesellschaft. Religion gilt ihm insofern als soziale Tatsache, als sie für die Gemeinschaft von Bedeutung ist. Seine Definition lautet: »Religion ist ein solidarisches System von Überzeugungen und Praktiken, die sich auf heilige, d. h. abgesonderte und verbotene Dinge, Überzeugungen und Praktiken beziehen, die in einer und derselben moralischen Gemeinschaft, die man Kirche nennt, alle vereinen, die ihr angehören.« (Durkheim 75)

Während Durkheim Religion auf transzendente Inhalte bezieht und darüber definiert, versteht Weber Religion als das Bemühen um Sinngebung und fragt nach den »sozialen Handlungen«, die sich aus den religiösen Werten und Zielen für die Gemeinschaft ergeben. In beiden Konzepten wird Religion in der Gestalt des Christentums als ein Gegenüber zur Gesellschaft verstanden und beide weisen der Religion eine zentrale Stellung für das gesellschaftliche Leben zu. Weber hat aus seiner Verhältnisbestimmung von Religion und Gesellschaft bereits die Umrisse einer Säkularisierungsthese entwickelt, von der noch zu sprechen sein wird.

Das inhaltsbezogene Religionsverständnis der Religionssoziologie

Aus den unterschiedlichen Religionsverständnissen haben sich in der Religionssoziologie mehrere Zweige herausgebildet. Das inhaltsbezogene Verständnis geht auf den Anthropologen Edward Burnett Taylor (1832–1917) zurück, der Religion als »Glaube an geistige Wesen« definierte. Günther Kehrer stellt fest, dass »alle substanziellen Definitionen von Religionen in der einen oder anderen Weise auf die Bestimmung zulaufen, dass Religion der Glaube an übernatürliche Wesen sei und somit letztlich Modifikationen der Taylorschen Definitionen sind« (Kehrer 1988, 23). Damit wird der Glaube an ein vorgegebenes übermenschliches Wesen zur konstitutiven Größe von Religion. Diese Definition deckt die Grenzen ihrer Möglichkeit selbst auf, denn die Religionswissenschaft hat eine Reihe von Religionen ermittelt, in denen eine übermenschliche Größe göttlicher Art nicht gegeben ist.

Das funktionsbezogene Religionsverständnis der
Religionssoziologie

Die substanziellen Religionsverständnisse sagen, was Religion *ist*. Sie neigen dazu, transzendente Elemente in ihre Definition einzubeziehen. Funktionale Religionsverständnisse fragen, was Religion *leistet*. Sie beziehen sich auf Fragen und Probleme des menschlichen Daseins und der Lebensbewältigung. Nach J. Milton Yinger ist Religion »ein System von Überzeugungen und Handlungen, durch welche eine Gruppe von Menschen mit (den) letzten Problemen des menschlichen Lebens ringt« (Kehrer in: HrwG IV, 422). Die Mehrzahl der gegenwärtigen Religionssoziologen forscht in diese Richtung. Niklas Luhmann (1927–1998) hat dazu eine umfassende Systemtheorie entwickelt. Er geht davon aus, dass jedes Handeln in Systemen stattfindet. Systeme entstehen dadurch, dass aus den Möglichkeiten des Wahrnehmens und Handelns nur wenige ausgewählt werden. Durch diese »Reduktion von Komplexität« (Luhmann 1999, 66) baut sich ein geschlossenes Sinnganzes auf. »Jedes System erfasst seine Umwelt durch ein Raster selektiver Informationsaufnahme.« (Luhmann 1999, 18) Die Umwelt bleibt aber in ihrer unbestimmbaren Komplexität als ein kontingentes (nicht notwendiges) Geschehen bestehen. Religion verwandelt das Unbestimmte in ihrem System in Bestimmtes, indem sie Komplexität reduziert und so das unbestimmt Kontingente als notwendig Vorgegebenes plausibel macht. »Religion hat ... für das Gesellschaftssystem die Funktion, die unbestimmbare, weil nach außen (Umwelt) und nach innen hin unabschließbare Welt in eine bestimmbare zu transformieren.« (Luhmann 1999, 26) Damit mag man die Funktion des Systems Religion in der Gesellschaft beschrieben sehen. Mehr und Inhaltliches sind dieser Systemtheorie über Religion nicht zu entnehmen.

2.4.4 Religionspsychologie

Was man als Religionspsychologie bezeichnen kann, ist so alt wie jede Religion, die zur Selbstreflexion fähig ist. Da religiöses Erleben und religiöse Praxis stets auch Sache des Einzelnen sind, liegt es nahe, die religiösen Vorgänge im individuellen Erleben genauer zu betrachten. Das zeigt sich im Christentum bereits beim Apostel Paulus, bei vielen Kirchenvätern, besonders bei Augustinus (354–430), und begegnet uns ausgeprägt bei Friedrich Schleiermacher (1768–1834) und bei Sören Kierkegaard (1813–1855). Sie alle sprechen über psychische Vorgänge religiöser Art aus der Innenperspektive des Glaubenden.

Eine Religionspsychologie säkularer Art sieht sich darauf verpflichtet, religiöse Vorgänge als rein innerweltliche Akte aus der Außenperspektive zu betrachten und zu bewerten. In jede religionspsychologische Forschung geht allerdings das Verhältnis des Forschenden zur Religion mit ein. Deshalb präsentiert sich Religionspsychologie seit der Aufklärung entweder als Hilfswissenschaft der Theologie oder als Kritik der Religion.

Eine im strengen Sinn empirische Religionswissenschaft entstand Ende des 19. Jahrhunderts in den USA, besonders durch den Philosophen und Psychologen William James (1842–1910). Er ging davon aus, dass Religion in jedem Menschen angelegt ist, und studierte die religiösen Erscheinungen in ihren am besten ausgeprägten Formen, nämlich an den »religiösen Virtuosen«. Mit seiner Erkenntnis, wonach sich das religiöse Individuum mit einem höheren Sein in Verbindung weiß, stieß er freilich auch an die Grenze einer jeden empirisch-wissenschaftlichen Religionspsychologie.

Nach mehr als einem Jahrhundert religionspsychologischer Versuche wird weiter darüber gestritten, was überhaupt der Gegenstand der Religionspsychologie sein könnte und mit welchen Mitteln der noch zu findende Gegenstand untersucht werden kann. Festzustellen ist lediglich, dass Forscher, die selbst religiös verankert sind, die religiösen Vorgänge zu beschreiben suchen. Die areligiösen oder religionsskeptischen Religionspsychologen neigen dazu, die religiösen Erscheinungen von ihrer jeweiligen Wertung der Religion aus zu erklären und sie meistens abzuwerten. Jeder sich wissenschaftlich verstehenden Religionspsychologie bleibt das Problem, ein aus der Außensicht entworfenes Verständnis von Religion vorgeben zu müssen, das alle nicht messbaren Elemente ausschließt. Mit dieser notwendigen Vorab-Definition klammert sie allerdings Wesentliches aus, was persönliche Religiosität ausmacht.

2.4.5 Religionsethnologie

Ethnologie ist die Wissenschaft von den fremden Völkern. Die religionsethnologische Forschung richtete sich zunächst auf die Religionen der schriftlosen Völker. Sie fragte nach dem Ursprung und der Entwicklung von Religionen. Diese evolutionistische Betrachtungsweise wurde in den 1920-er Jahren von Bronislaw Malinowsky durch die Frage nach der Funktion von Religion verdrängt. 1937 erweiterte Edward Evan Evans-Pritchard den Fragehorizont der Ethnologie, indem er mit einer Studie zeigte, dass sich fremde Systeme gemäß ihrer eigenen Logik verstehen lassen. Dieses Verstehen des Fremden dient nicht nur dem Kennenlernen, es hilft auch, der eigenen Religion kritisch gegenüberzutreten und ihr Spezifikum besser zu verstehen. Die Religionsethnologie richtete ihren Blick nun auf die Symbolsysteme der Religionen. Hier hat sie zur Kenntnis und zum Verständnis der Mythen, Rituale und Riten Beachtliches beigetragen.

2.4.6 Religionsphilosophie

Der Begriff »Religionsphilosophie« ist vieldeutig. Im weitesten Sinne kann man alles dazu zählen, was Philosophen zum Thema Religion gesagt haben. In dieser weitesten Fassung begann die Religionsphilosophie mit jenen griechischen Denkern, die das mythische Weltverständnis ihrer Zeit der Kritik der Vernunft unterzogen und den Mythos durch den Logos (die Weltvernunft) ersetzten. Das begann bereits mit Anaximander (ca. 611–546 v. Chr.) und, verbunden mit Religionskritik, mit Xenophanes (570–475 v. Chr.) und setzte sich bei den Römern fort, z. B. in Ciceros Schrift »Über das Wesen der Götter« (46 v. Chr.).

Im hellenistischen Judentum und in den frühen christlichen Schriften tauchte der Gedanke einer »natürlichen Theologie« auf. Danach ist die natürliche Vernunft fähig, Gott zu erkennen. Thomas von Aquin (1224/25–1274) verstand die natürliche Theologie als Unterbau für die übernatürliche Offenbarung. Die römisch-katholische Kirche hat 1870 im Vatikanum I die natürliche Gotteserkenntnis als Dogma festgeschrieben: »Dieselbe heilige Mutter Kirche hält fest und lehrt, dass Gott, der Ursprung und das Ziel aller Dinge, mit dem natürlichen Licht der menschlichen Vernunft aus den geschaffenen Dingen gewiss erkannt werden kann« (Denzinger 3004).

Religionsphilosophie im engeren Sinne gibt es erst seit der Aufklärung. Zur philosophischen Disziplin wurde sie durch Immanuel Kants Untersuchung zur »Religion innerhalb der Grenzen der bloßen Vernunft« von 1793. Dieser Titel ist insofern Programm für alle Religionsphilosophie, als die Vernunft zum Maßstab für die Betrachtung, Beurteilung und Erklärung von Religion gemacht wird. Nach Kant ist Religion aus dem elementaren Bedürfnis nach Moral entstanden und dient auch der moralischen Erbauung des Menschen. Geblieben ist der Religionsphilosophie die Frage nach Wesen, Ursprung und kritischer Beurteilung der Religion aus der Sicht der Vernunft. In diesem Sinne ist das Religionsverständnis von Marx, Freud bis zu Dawkins als religionsphilosophisches zu verstehen. Auffassungen von Religion, die Religion unter Ausschluss des spezifisch Religiösen verstehen und so Religion aus Nichtreligiösem ableiten und darauf reduzieren, müssen sich darauf hinweisen lassen, dass sie sich gar nicht auf Religion beziehen, sondern sich im Zirkel der eigenen Vorgaben zu diesem Thema drehen.

2.4.7 Weitere wissenschaftliche Forschungen zur Religion

Religionsgeographie, Religionsökonomik, Religionsstatistik und Religionsästhetik stellen mit ihren Namen ihr Forschungsgebiet zureichend vor und sind für unser Thema von nur geringer Bedeutung. Die Religionstheologie befasst sich mit Religion aus christlicher Sicht. Sie durchdenkt dieses Feld also nicht von außen wie die Religionswissenschaften, sondern aus christlicher Innenperspektive.

2.4.8 Das kritische Potenzial der Religionswissenschaft

Der Soziologe Niklas Luhmann spricht für sämtliche Sozialwissenschaften, wenn er feststellt: »Alle Versuche, das »Wesen« der Religion ›objektiv‹ (und sei es: phänomenologisch) zu bestimmen, können als gescheitert gelten.« Da die Religionswissenschaften dennoch auf je ihre Weise von Religion handeln, bleibt zu beachten, »dass Religionsdefinitionen immer schon einem religiösen Standpunkt verpflichtet sind, also die jeweils eigene Religion vertreten« (Luhmann 2000, 320). Jede Art von religionswissenschaftlicher Betrachtungsweise ist eine Betrachtung aus der Außenperspektive, die zudem als Wissenschaft dem »methodischen Atheismus« verpflichtet ist (Luhmann 2000, 278).

Die Religionswissenschaften setzen voraus, dass der Mensch oder eine Gruppe von Menschen Religion selbst inszenieren. In dieser Sicht dient Religion innerweltlichen Zwecken, die aber durch übernatürliche Annahmen und entsprechende Kultpraktiken und Theologien verschleiert und deshalb den Anhängern nicht bewusst werden. Unterstellt wird, dass es in der Religion darum geht, bestimmte Bedürfnisse oder Defizite durch Ersatzleistungen zu kompensieren. Dadurch verhindert Religion, dass der Mensch realistisch zu sich selbst findet. In ihrer Mehrzahl laufen religionswissenschaftliche Ergebnisse auf Religionskritik hinaus und seit dem 19. Jahrhundert auf die Forderung, dass Religion als ein kulturelles Auslaufmodell durch weltliche Maßnahmen zu ersetzen sei. Das vom Religionswissenschaftler eingebrachte Religionsverständnis entscheidet vorab darüber, was in seiner Theorie als das Wesen der Religion erscheint und gemessen daran des Untersuchens oder der Kritik würdig ist. Michael Weinrich hat die in den religionswissenschaftlichen Theorien enthaltenen religionskritischen Schwerpunkte in »sechs Abweisungsstrategien gegen die Religion« zusammengefasst (Weinrich 178–182).

- Das älteste Schema ist bereits aus der Antike bekannt: Danach bedient sich eine Minderheit privilegierter Priester und Kultbeamter der Religion, um ihre Machtinteressen zu sichern.

- Einer zweiten Gruppe gilt Religion als ein »Kompensationsmittel für anthropologische Defizite« (179), z. B. als jenseitiger Ausgleich für Nachteile, Frustrationen und Ungerechtigkeiten, die der Mensch hier erfahren hat, und als Erfüllung von Wünschen, die ihm hier versagt geblieben sind.

- Eine dritte Gruppe sieht in Religion das Mittel, um die Illusion eines Selbstbildes aufrechtzuerhalten, anstatt zu einer realistischen Einschätzung der eigenen Person in der Welt zu gelangen.

- Eine vierte Gruppe, die wie der radikale Existenzialismus jede Sinnunterstellung ablehnt, betrachtet Religion als »metaphysischen und somit illusionären Sinnlieferant« (180).

- Eine fünfte Gruppe will in der Religion das Mittel der ökonomisch Herrschenden erkennen, um den abhängigen Menschen das Leben erträglich erscheinen zu lassen und um die das Elend verursachenden Zustände stabil zu halten.

- Die sechste Gruppe sieht in der Religion ein persönliches Instrument der Ersatzbefriedigung. Sie hält den Menschen in seiner Kinderwelt gefangen und verhin-

dert, dass er erwachsen wird und seine menschlichen
Möglichkeiten entfaltet und auslebt.

Damit sind zwar nicht alle Nuancen erfasst, aber das für unseren
Zusammenhang Wesentliche angedeutet.

Bei allen kritischen Rückfragen an die Religionswissenschaften: Die Religionswissenschaften werden nicht abgelehnt. Religion ist ja kein isolierter Bezirk menschlichen Lebens. Religion
ist eingebunden in Kultur und Gesellschaft, sie wirkt über religiöses Verhalten und über religiöse Normen in alle gesellschaftlichen Bereiche hinein und wird umgekehrt auch durch diese
verändert. So ist es sehr wohl hilfreich, bei der Klärung des Ist-
Zustandes und der Zukunft von Religion in unserer Lebenswelt
auf die Erkenntnisse der Religionswissenschaften zurückzugreifen.

3 Die Säkularisierungsthese

Der kulturelle Umbruch, der sich seit dem 19. Jahrhundert vollzog, wurde von den Religionswissenschaften und von der Soziologie pauschal als »Säkularisierung« gedeutet. In diesem Begriff schwingt bis heute recht Unterschiedliches mit. Da soll durch eine sprachliche Differenzierung vorab geklärt werden.

3.1 Der Wandel im Verständnis der Säkularisierungsthese

3.1.1 Säkularisation

Die Bedeutung von Wörtern erschließt sich am genauesten vom Blick auf den jeweils mitgemeinten Gegenpol her. Im mittelalterlichen Latein bedeutete *saecularis* »weltlich«, nämlich bezogen auf seinen Gegenbegriff *religiosus* (religiös, fromm, dem Sakralen zugehörig). So nannte man die Weltgeistlichen *saeculares* und unterschied sie damit von den Ordensgeistlichen.

Im kanonischen Recht bezeichnete man die Rückkehr eines Ordensangehörigen in den weltlichen Stand als »Säkularisation«. Im staatsrechtlichen Sinn sprach man von »Säkularisation«, als im Reichsdeputationshauptschluss von 1803 kirchliche Güter vom Staat konfisziert, in staatliche Verfügung überführt und für profane Zwecke genutzt wurden.

3.1.2 Säkularisierung

Neben den kirchenrechtlichen und staatsrechtlichen Begriffen der Säkularisation tauchte bereits zu Beginn des 19. Jahrhunderts bei Hegel der Ausdruck »Säkularisierung« als eine Kategorie historischen Verstehens im Sinne von Verweltlichung auf: Ernst Troeltsch und Max Weber verstanden unter Säkularisierung den Prozess, in welchem sich die Neuzeit aus der christlich geprägten Welt des Mittelalters löste. Säkularisierung definierte sich hier als Verlust einer traditionell vorgegebenen christlichen Substanz.

3.1.3 Die Problematisierung der Säkularisierungsthese

Der Philosoph Hans Blumenberg hält diese Sicht des Substanzverlustes für die Herausbildung der Neuzeit für nicht angemessen. Im Anschluss an Hannah Arendt stellt er fest: »Historisch kann sie (die Säkularisierung) auf keinen Fall als Verweltlichungsprozess im strengen Sinn des Wortes angesehen werden; denn die Moderne hat nicht eine diesseitige Welt für eine jenseitige eingetauscht, und genau genommen hat sie nicht einmal ein irdisches, jetziges Leben für ein jenseitiges-künftiges gewonnen; sie ist bestenfalls auf es zurückgeworfen.« (Blumenberg 15) Im Modell der Enteignung ist der kulturelle Wandel der beiden letzten Jahrhunderte nicht zureichend zu erfassen.

Der politische Philosoph Hermann Lübbe hat schließlich der allseitigen Annahme, Religion sei zum Aussterben verurteilt, den gut begründeten Satz entgegengestellt: »Nicht die Religion hat sich als Illusion erwiesen, sondern jene Religionstheorie, die sie als solche behandelte.« (Lübbe 1986, 14) Denn: »Es gibt gar keine Lebenskultur, die nicht von Prämissen religiöser Orientierung mitbestimmt wäre.« (Lübbe 1986, 18)

3.1.4 Die gegenwärtige Sicht

Die neueren Religionswissenschaften beurteilen die gegenwärtige Welt nicht mehr monokausal vom Substanzverlust traditioneller Religiosität her, sondern als Resultat eines vielschichtigen Wandlungsprozesses, in den auch der Religion einbezogen ist.

Säkularisierung als ideologisches Konzept einer kulturellen Emanzipation von Religion zur Erklärung des kulturellen Wandels ist nicht mehr aktuell. Die Religionswissenschaften fragen heute nach Funktionen der Religion im kulturellen Gefüge und nach dem kontinuierlichem Gestaltwandel des Religiösen in unserer Welt.

3.1.5 Säkularismus

Mit »Säkularismus« wird das politische Streben bezeichnet, Gesellschaft und Kultur ohne religiöse Bindungen zu gestalten und religiöse Vorstellungen zurückzuweisen oder zu eliminieren. Das entspricht den antiklerikalen Zielen des Laizismus.

3.2 Inhalte des kulturellen Wandels

3.2.1 Der Auslöser

Stellen wir in irgendeinem Erfahrungsfeld eine Veränderung fest, so fragen wir nach deren Ursache. Ganz besonders drängt sich die Frage nach der Ursache dort auf, wo wir uns jene Veränderungen vergegenwärtigen, die sich in den letzten zwei Jahrhunderten gleichgerichtet in allen Feldern unserer westlichen Kultur vollzogen haben. Als Auslöser dieser Veränderungen gilt die Aufklärung. Mit Aufklärung ist nicht ein datierbares geschichtliches Ereignis gemeint, sondern eine bereits im ausgehenden 17. Jahrhundert einsetzende gesamteuropäische geistige Strömung. Sie äußert sich darin, dass Menschen das bisher Vorgegebene und Gültige nicht mehr unbefragt hinnehmen, sondern im Lichte der menschlichen Vernunft auf dessen Tragfähigkeit und Plausibilität hin kritisch befragen. Damit stehen die Dogmen auf allen Feldern der menschlichen Kultur auf dem Prüfstand: nicht nur die Dogmen der Religion und der Philosophie, in gleicher Weise auch die bisher gültigen Grundsätze der Naturwissenschaften, des politischen Handelns, des Staatsrechts, der Künste und der Moral.

Mit der Forderung, alle Denkgewohnheiten an der Vernunft zu messen, verband man die Bereitschaft und den Optimismus, dass sich Bestehendes im Sinne eines geschichtlichen Fortschritts mit Vernunft verbessern lässt. Die aufklärerischen Gedanken gingen von England und Schottland aus. Die Philosophen John Locke (1632–1704) und David Hume (1711–1776) beriefen sich gegenüber allen Formen von Metaphysik, von Offenbarungs-

und Autoritätsglauben auf menschliche Vernunft. Ihre Kritik richtete sich nicht gegen Gott und Religion, sondern gegen den kirchlichen wie den staatlichen Dogmatismus und gegen die davon ausgehende Intoleranz. In Frankreich, wo die europäische Aufklärung ihren Höhepunkt erreichte, radikalisierte sie sich bis zur intoleranten Feindschaft gegenüber dem Christentum. In Italien nahm sie die Gestalt des Antiklerikalismus an. In Deutschland kam es zu keiner feindlichen Auseinandersetzung mit den Kirchen.

3.2.2 Gott

Der Gottesgedanke wurde durch die Aufklärung nicht grundsätzlich infrage gestellt. Lediglich der zum Kreis der französischen Enzyklopädisten zählende rheinpfälzische Paul Heinrich Dietrich von Holbach (1723–1789) und einige Materialisten dieses Kreises hielten Gott für einen sinnlosen Begriff. Diese radikale Position verschwand schon gegen Ende des 18. Jahrhunderts zusammen mit dem Vernunft- und Fortschrittsoptimismus der Aufklärer. Dennoch hat die Aufklärung den Gottesgedanken tiefgreifend verändert.

Der englische Philosoph Herbert von Cherbury (1583–1648) und in seiner geistigen Nachfolge der irische Philosoph John Toland (1670–1722) vertraten die Vorstellung, dass es einen Gott als Ursprung der Welt gibt. Die Vernunft des Menschen gehöre zu den besonderen Werken seiner Schöpfung. Der Schöpfer selbst habe sich aber nach dem Schöpfungsakt aus der Schöpfung zurückgezogen. Er greife in das Weltgeschehen von außen nicht mehr ein, sondern überlasse seine Schöpfung der Selbstentfaltung des Menschen. Diese Gottesvorstellung, für die die Bezeichnung »**Deismus**« steht.

Da im deistischen Gottesbild inhaltlich nur noch der Schöpfergedanke enthalten ist, war es möglich, den Kern des Christentums mit einer »natürlichen Religion« zu identifizieren, die dem entspricht, was mit dem natürlichen Licht der Vernunft allenthalben erkannt werden kann. Herbert von Cherbury fasste den Charakter der natürlichen Religion in fünf Sätzen zusammen, die Immanuel Kant auf drei Wahrheiten reduzierte: Gott – Freiheit – Unsterblichkeit der Seele. Die Existenz Gottes wird – bis auf wenige Ausnahmen – nicht infrage gestellt. Selbst Voltaire, der sich zu einer natürlichen Religion bekannte, war der Meinung, wenn es Gott nicht gäbe, müsste man ihn erfinden: Die einzige Religion, zu der man sich bekennen sollte, sei die, Gott zu verehren und ein anständiger Mensch zu sein. Das einzige Buch, das Gott mit eigener Hand geschrieben habe, sei das Buch der Natur.

Für Kant ist Gott kein Gegenstand, dessen Realität verifiziert oder falsifiziert werden könnte. Gott ist wie Religion für ihn ein Postulat der reinen praktischen Vernunft. »Die natürliche Religion als Moral, (in Beziehung auf die *Freiheit* des Subjekts), verbunden mit dem Begriffe desjenigen, was ihrem letzten Zwecke Effekt verschaffen kann (dem Begriffe von *Gott* als moralischem Welturheber) und bezogen auf eine Dauer des Menschen, die diesem ganzen Zwecke angemessen ist (auf *Unsterblichkeit),* ist ein reiner praktischer Vernunftbegriff.« (Kant 1793, 826)

Das unverbindliche deistische Gottesverständnis hat zuerst bei den Gebildeten, dann aber zunehmend auch im allgemeinen Bewusstsein das theistisch und personal verstandene Gottesbild abgelöst. Es stellte sich außerdem heraus, dass man auch ohne Gott ein anständiger Mensch sein kann, was Gott als den Urheber und Garanten der Moral, dem man Rechenschaft schuldete, entbehrlich erscheinen ließ. In Deutschland ist jener deistische Gedanke geradezu aufgesogen worden, wonach man den Urheber der Welt in allen Erscheinungen der Natur erheben und feiern kann. Alte pantheistische Gottesvorstellungen (Gott und Welt sind identisch) ebenso wie panentheistische Gottesvorstellungen (das Weltganze ist in Gott enthalten), die bereits Schopenhauer als »die vornehme Form des Atheismus« bezeichnet hatte, wurden so legitimiert und verstärkt. Die verpflichtende

Botschaft Jesu, die zur Antwort herausfordert, schrumpfte zu einer natürlichen, bürgerlichen Moral des gesunden Menschenverstandes. Die geschenkte Freiheit, zu der Menschen aus dem Geist der Liebe ermächtigt werden, wandelte sich zur subjektiven Freiheit, aus dem religiösen Markt der Möglichkeiten das auszuwählen, was dem eigenen Lebenskonzept und dem persönlichen Geschmack am besten entsprach.

3.2.3 Die Literatur

Der Literaturwissenschaftler Heinz Schlaffer hat gezeigt, »dass die Epochen der deutschen Literatur ... entscheidend durch ihr jeweiliges Verhältnis zur Religion bedingt sind« (Schlaffer 219). Reformation und Gegenreformation haben neben der polemischen Literatur vor allem in den protestantischen Regionen eine Fülle von geistlichen Liedern, Sinnsprüchen und Sprüchen in einer volkstümlichen Sprache hervorgebracht. Die Hauptthemen der Literatur waren religiösen Inhalts. Die Mehrzahl der deutschen Dichter des 17. und 18. Jahrhunderts stammten aus protestantischen Pfarrhäusern so etwa Bodmer, Gottsched, Gellert, Lessing, Wieland, Schubert, Claudius, Lichtenberg, Bürger, Hölty, Lenz, Jean Paul, August Wilhelm und Friedrich Schlegel. Klopstock, Goethe, Schiller und Hölderlin waren durch protestantisch geprägte Schulen gegangen. Der in Ostpreußen geborene Johann Christoph Gottsched (1700–1766) schuf als Professor an der Universität Leipzig die institutionellen Bedingungen für eine deutsche Literatur, und zwar indem er die Schriftsprache normierte, Vorlesungen über Poetik hielt, Bücher und kritische Zeitschriften darüber herausgab. Im Jahrhundert der ersten deutschen Literatur breitete sich auch in Deutschland das Gedankengut der Aufklärung aus.

Die Tendenz der Verweltlichung schlug sich in der Themenwahl und im Sprachgebrauch der deutschen Poesie spürbar nieder. Der Literaturwissenschaftler und Germanist August Langen hat verdeutlicht, wie in der romantischen Bewegung des 18. und

19. Jahrhunderts religiöse Wörter, sprachliche Fügungen und Bilder auf innerweltliche Vorgänge angewendet wurden. Das religiöse Denkmodell von Diesseits und Jenseits erschien in der innerweltlichen Sehnsucht des Menschen nach Ferne, Nähe, Heimat, Ruhe, Geheimnis, Zauber und Traum. Der jenseitige personale Gott wurde zur unpersönlichen diesseitigen Schicksalsmacht, zur höheren Gewalt, zur Vorsehung, zur geheimen Hand, zum stillen Grund, in einer Art säkularisierter *unio mystica*. Wald und Natur wurden zum vielseitigen Begegnungsraum mit dem Göttlichen (vgl. Langen). Schon Klopstock hatte erklärt, ein Lied sei ein Gebet.

In diesen Aneignungen der religiösen Sprache für den innerweltlichen Gebrauch kommt zum Ausdruck, wie die Dichtkunst sich von der Einbindung in das kirchliche Denken löste und ihren Autonomieanspruch praktizierte. Eben diese säkularisierte religiöse Sprache konnte von den Verehrern der Poeten selbst wieder in den Rang einer Religion erhoben werden. Theater und Museen verstand man als »Tempel« der Kunst, in die man wie in Kirchen eintrat. »Die deutsche Dichtung ... erhebt sich (so) an die Stelle der ihr heteronomen Macht der Religion.« (Schlaffer 106) Mit den Wanderliedern, Morgenliedern, Naturliedern und Handwerkerliedern wurde der Gedanke, dass wir Gott in der Natur begegnen und dort auch feiern können, im Volksglauben zum dominierenden Gottesverständnis:

> «Wem Gott will rechte Gunst erweisen,
> den schickt er in die weite Welt.
> Dem will er seine Wunder weisen
> in Berg und Wald und Strom und Feld.«
> (Joseph von Eichendorff)

3.2.4 Die Malerei

Für das neue Verständnis der Kunst (der Romantik) hat der Philosoph Friedrich Wilhelm Joseph Schelling (1775–1854) die

Theorie geliefert. Er definierte den Geist als die bewusstgewordene Natur und sprach der Kunst die höchste Form der menschlichen Vernunft zu. Im Kunstwerk sei der Widerspruch zwischen dem Bewusstsein und dem Bewusstlosen gelöst. Der Künstler stehe unter einer Macht, die ihn zwinge, »Dinge auszusprechen und darzustellen ... die er selbst nicht vollständig durchsieht und deren Sinn unendlich ist« (Schelling 617f). Kunst mache die Einheit von Geist und Natur unmittelbar anschaulich. Die natursymbolische Betrachtungsweise wurde hier zum Programm. Sie galt als »Bindeglied zwischen dem Irdischen und dem Göttlichen. Diese Rolle des Kunstwerks als Träger göttlicher Ideen widerspiegele das Wesen der Natur.« (Pochat 489)

Als beispielhaft in diesem Sinne lassen sich die »Naturbilder« von Caspar David Friedrich (1774–1840) lesen, der von Schelling beeinflusst war und der mit seiner Natursymbolik auf das absolut Göttliche verweist, ja, dieses selbst anschaulich macht. Friedrichs »Kreuz im Gebirge« (Tetschener Altar) von 1808, das sogar als Altarbild gestaltet und nach einem Entwurf Friedrichs gerahmt wurde, lädt dazu ein, die Natur als religiöse Symbole zu verstehen, die zur Andacht einlädt. Der Bildaufbau und die plastische Predella mit dem göttlichen Auge im gleichseitigen Dreieck und den Symbolen für Brot und Wein lassen keinen Zweifel an einer spezifisch christlich- trinitarischen Deutungsabsicht zu.

3.2.5 Das Staatsverständnis

Im gesamten Mittelalter sah man das politische Zusammenleben und die staatliche Macht im Willen Gottes begründet. Seit der Reformation gab es Bestrebungen, die Legitimation und die Rechtsordnung des Staates in der humanen Vernunft zu verankern. Es ging im deutschsprachigen Raum nicht darum, Religion aus der Gesellschaft hinauszudrängen, sondern die Rechtsgrundlagen des Staates religionsneutral zu fassen. Das mittelalterliche Reichsideal und der staatstragende Gedanke des Naturrechts wurden schrittweise enttheologisiert und entsakralisiert. Man bemühte sich, den Staatsbegriff aus der Natur der Welt und des Menschen abzuleiten. Der Staatsrechtler Carl Schmitt bemerkte 1922 dazu: »Alle prägnanten Begriffe der modernen Staatslehre sind säkularisierte theologische Begriffe« (Schmitt 49). Der Religionswissenschaftler Walter Jaeschke erkennt in der modernen Staatstheorie eine »Umbildung theologischer in staatsrechtliche Begriffe« und fasst zusammen: »Die politische Theorie der Neuzeit gewinnt ihr Profil aus der Negation der theologischen Begründungen.« (Jaeschke in: HrwG V, 14f) Damit beginnt ein Prozess, der die mit Konstantin dem Großen einsetzende Christianisierung des Staates rückgängig macht.

3.2.6 Das Verständnis von Geschichte
Bis ins 17. Jahrhundert lebte man in der christlichen Erwartung einer Endzeit, auf die man das von Gott gelenkte Weltgeschehen zulaufen sah. Die Ereignisse in der Welt wurden aus der Perspektive der Heilsgeschichte Gottes interpretiert. Die Aufklärung löste die Vorstellung einer auf die Endzeit zueilenden Heilsgeschichte auf. Geschichtsschreibung wurde zum Versuch, das Weltgeschehen ohne Rückgriff auf göttliches Eingreifen als einen sinnvollen innerweltlichen Vorgang zu entschlüsseln. Geschichte erschien als eigenständige Größe vom Charakter eines anonymen Schicksals und ersetzte in innerweltlicher Gestalt die ehemals heilsgeschichtlichen Erwartungen. Göttliche Lenkung schloss man zwar aus, hielt aber an Zielvorstellungen fest. So deutete Kant die Geschichte als einen Prozess der moralischen Vervollkommnung, dessen Ziel der ewige Friede ist. Für Hegel nahm im Geschichtsverlauf die weltimmanente Vernunft konkrete Gestalt an, und für Schiller wurde die Weltgeschichte zur säkularen Form des Weltgerichts. Karl Marx, ein Schüler Hegels, sah die Geschichte gerade nicht durch den Weltgeist seines Lehrers vorangebracht, sondern durch die sozio-ökonomischen Verhältnisse bestimmt, die von Menschen gemacht werden. Nach seiner

Überzeugung läuft die Geschichte auf das Endziel einer klassenlosen Gesellschaft zu. Wer, wie er, die treibenden Kräfte der Geschichte zu durchschauen meinte, rief er dazu auf, tatkräftig daran mitzuarbeiten, die Herrschaft des Menschen über den Menschen zu beenden und das Reich der Freiheit in einer klassenlosen Gesellschaft herbeizuführen.

Die Historisierung des Denkens durch die Aufklärung brachte eine breit gefächerte Geschichtswissenschaft hervor, die sich im 19. Jahrhundert an den Universitäten als die Leitwissenschaft etablierte. Da ein göttliches Endziel der Geschichte nicht mehr in Betracht gezogen wurde, konnte jetzt jeder Historiker sein Utopia zum säkularen Endziel erklären und Geschichte als daraufhin ausgerichtet darstellen. Am Beginn des 20. Jahrhunderts kamen darwinistisch-biologistische Deutungsmuster in Mode. Nach dem Zusammenbruch des Kommunismus und der Auflösung des Sowjetreiches diagnostizierte Francis Fukuyama sogar das Ende der Geschichte, da sich die liberale Demokratie des Westens überall durchsetzen werde. Derlei Endziel-Prognosen erweisen sich als kurzlebig. Der säkularisierte Zeitgenosse sieht sich gegenwärtig einer Vielzahl gegensätzlicher Geschichtsphantasien gegenüber und ohnmächtig einem Bündel undurchschaubarer Prozesse ausgeliefert, auf die er als Einzelner keinen Einfluss zu haben scheint.

3.2.7 Die Naturwissenschaft

Hier muss nicht verhandelt werden, wann und mit wem die Naturwissenschaft in der westlichen Welt begann. Ein Schritt hin zu naturwissenschaftlicher Forschung war das Bekanntwerden der aristotelischen Schriften im Mittelalter und deren Integration durch Thomas von Aquin (1224/25–1274) in die Theologie und Philosophie. Der bisher von Platon geprägte spekulative Umgang mit der Natur wurde jetzt abgelöst durch die von Aristoteles eröffnete empirische Erforschung des Naturgeschehens. Wurde Gott bis dahin im Sinne der platonischen Ideen verstanden als »das, worüber hinaus nichts Größeres/Vollkommeneres *gedacht* werden kann« (Anselm von Canterbury, † 1109), so war Gott nach dem aristotelischem Konzept aus der Erfahrung von Natur und Welt als der unveränderliche Ursprung aller Bewegung in Welt und Kosmos zu erkennen. Innerhalb dieses Weltverständnisses, das seit Thomas von Aquin in der christlichen Kirche galt, verstanden auch Kopernikus, Keppler und Newton (1642–1726) ihre Forschungen. Sie alle waren davon überzeugt, mit ihren Forschungsergebnissen dazu beizutragen, die Gedanken Gottes, des Schöpfers und ersten Bewegers, zu entschlüsseln.

Erst mit der Aufklärung wurden Gott und alles Metaphysische aus der naturwissenschaftlichen Forschung ausgeschlossen. Der Physiker und Mathematiker Pierre Simon Laplace (1749–1827) hat gegenüber Napoleon festgestellt, dass er, um die Entstehung des Sonnensystems zu erklären, einen übernatürlichen Erstbeweger nicht nötig habe. Kant formulierte 1786 in seiner Vorrede zu »Metaphysische Anfangsgründe der Naturwissenschaft« die These, »dass in jeder besonderen Naturlehre nur so viel eigentliche Wissenschaft angetroffen werden könne, als darin Mathematik anzutreffen sei« (Kant 1786, 14). Damit war der Gottesgedanke aus der wissenschaftlichen Naturerklärung ausgeschlossen und wissenschaftliche Naturerklärung zugleich von religiöser Sinndeutung unterschieden, ohne dass die beiden Perspektiven gegeneinander ausgespielt werden mussten.

Im 19. Jahrhundert begann sich die Naturwissenschaft als die einzige Wissenschaft zu verstehen, die es mit Realitäten zu tun hat. Andere Perspektiven und auch Religion wurden für belanglos, für illusionär oder für rückständig erklärt. Ernst Haeckels Buch »Die Welträtsel« von 1899 etwa drückt das naturwissenschaftliche Selbstverständnis gegen Ende des 19. Jahrhunderts authentisch aus. Man war der Meinung, die Welt so beschreiben und verstehen zu können, wie sie ihrer Natur nach objektiv ist. Haeckel war überzeugt, dass das Weltall weder Anfang noch

Ende hat, in seiner Größe festgelegt und unveränderlich ist und nach mechanischen Gesetzen funktioniert. In Preußen schloss man um 1900 das Patentamt, weil man überzeugt war, dass die Welt vollständig erklärt sei und weitere Erfindungen kaum mehr zu erwarten seien. Dieses Weltverständnis hat erst im 20. Jahrhundert das Bewusstsein des Volkes erreicht und nachhaltig geprägt. Der christliche Gottesglaube wurde damit zur privaten Illusion herabgestuft. Die Verbindung zu einem persönlichen Gott schien allenfalls noch über das Modell des Deismus möglich, das Gott aus dem gegenwärtigen Weltgeschehen und aus dem persönlichen Leben heraushält.

Seit Beginn des 20. Jahrhunderts hat die Naturwissenschaft in ihrem Selbstverständnis einen radikalen Umbruch erlebt, der mit den Stichworten »Quantenphysik« und »Relativitätstheorie« nur angedeutet sei. Nach dem neuen Paradigma gibt es keine konstante und unzerstörbare Materienmenge, sondern Materie und Energie gelten als identisch, aber in ihren Erscheinungsformen voneinander unterschieden und Materie kann entstehen und verschwinden. Im subatomaren Bereich gilt das rigide Kausalitätsgesetz nicht, und die Vorstellung eines nach mechanischen Gesetzen determinierten Weltalls ist undenkbar geworden. Die Naturwissenschaften handeln auch nicht mehr von der Natur an sich und von physikalischen Realitäten, sondern sie sprechen von der spezifisch definierten menschlichen Art, sich mit Phänomenen auseinanderzusetzen und ihnen in der Sprache der Mathematik oder in anderen Symbolsystemen Ausdruck zu geben. Die Modelle und mathematischen Formeln versteht man nicht mehr als unser Bild von Natur, sondern lediglich als das Bild unserer Beziehungen zur Natur (Heisenberg 1955, 20). Unsere jeweilige Perspektive und die Methoden des Betrachters entscheiden darüber, was sich uns zeigt und wie sich uns etwas zeigt. Diese Inhalte und das Selbstverständnis der modernen Naturwissenschaften sind freilich im allgemeinen Bewusstsein des 21. Jahrhunderts noch nicht angekommen. Den Naturwissenschaften, die ihre Grenzen längst erkannt haben, wird nach wie vor das Wahrheitsmonopol des 19. Jahrhunderts zugeschrieben, und bereits ihre Hypothesen und Theorien werden als wahr in einem absoluten Sinn genommen. Der bewusste Naturwissenschaftler weiß, dass Naturwissenschaft als Wissenschaft weder theistisch noch atheistisch noch deistisch sein kann, sondern in der Gottesfrage allenfalls agnostisch. Wie der Gerichtsmediziner trotz seiner Tätigkeit nicht vergessen wird, dass es jenseits seines täglichen Umgangs mit Leichen ein vielschichtiges pralles Menschenleben gibt, so wird sich der reflektierte Naturwissenschaftler nicht daran hindern lassen, Welt und menschliches Leben auch unter anderen als naturwissenschaftlichen Perspektiven anzusehen und zu verstehen. Das allgemeine Bewusstsein ist freilich weithin auf das fixiert, was als exklusive und objektive naturwissenschaftliche Wahrheit angeboten wird.

3.2.8 Die Technik

Noch intensiver als die abstrakte Naturwissenschaft hat die aus ihr hervorgegangene Technik das Lebensgefühl und das Weltverständnis der Menschen seit der Aufklärung geprägt. Naturwissenschaft und Technik stehen in einer engen Wechselbeziehung. So hat z. B. Optik zum Bau von Mikroskopen und Teleskopen geführt, die selbst wieder die wissenschaftliche Forschung in vielen Feldern vorangebracht haben.

Die Technik hat dazu beigetragen, die Menschen von schwerer körperlicher und mechanischer Arbeit zu entlasten (Dampfmaschinen, Motoren, Bagger, Transportmittel, Fertigungsautomaten), die Lebensverhältnisse zu humanisieren und angenehmer zu gestalten. Mit der elektronischen Revolution ist die Technisierung unserer Welt in nahezu alle Lebensbereiche ausgeweitet worden. Die technischen Erfindungen haben nicht nur das Aussehen unserer Erde verändert, sondern unser gesamtes Leben gestaltet und es von ihnen abhängig gemacht. Die ehemalige Erfahrung, in Ernährung, Gesundheit und Lebensgestaltung von den Gegebenheiten der Natur abzuhängen, ist zu dem Lebensgefühl umgebildet worden, dass wir Welt und Leben nach unseren Zielen selber gestalten können. Dahinter stand noch bis vor Kurzem die selbstverständliche Annahme, dass die technische Weiterentwicklung stets Fortschritt und Verbesserung bedeutet. Sprach man früher von »Schicksal« als von dem, worüber der Mensch nicht verfügt, so erfahren wir unsere gegenwärtige Welt eher als »Machsal« (Marquard 67), weil uns suggeriert wird, über alles zu verfügen. In diesem Selbstverständnis stellt sich die Frage nach Gott nicht mehr. Er ist, ohne eine Lücke zu hinterlassen, entbehrlich geworden und ohne Reflexion wie von selbst verschwunden. Wir befinden uns damit bereits weit jenseits jener Phase, in der Nietzsche in seiner »Fröhlichen Wissenschaft« den »tollen Menschen« noch engagiert ausrufen ließ: »Gott ist tot! ... Und wir haben ihn getötet – ihr und ich!« (Nietzsche, Nr. 125). Die Frage bleibt, *welcher* Gott uns abhandengekommen ist: der platonische Gott, den Menschen als höchste Idee denken? Der Gott, den Menschen in den Erscheinungen der Natur zu erkennen meinen? Der Religionsphilosoph Georg Picht sagt: »Der Gott, von dem Nietzsche verkündigt, er sei tot, ist der Gott der Philosophie bis Hegel und dieser Gott ist seiner geschichtlichen Herkunft nach der Gott der griechischen Philosophie. Er ist der Gott der Metaphysik.« (Picht 25) Könnte aber nicht auch jener als Lebenswirklichkeit erfahrbare Gott für tot gehalten werden, von dem es in 1Joh 4,16 heißt: »Gott ist Liebe, und wer in der Liebe bleibt, bleibt in Gott und Gott bleibt in ihm«?

3.2.9 Die Entwicklung zum Wohlfahrtsstaat

Die politische Organisationsform »Staat« mit einem Staatsvolk, einem Staatsgebiet und einer Staatsgewalt ist in Europa seit dem 13. Jahrhundert entstanden. Mit der Industrialisierung im 19. Jahrhundert wandelten sich die Aufgaben des Staates. Der Staat musste jetzt nicht nur die Rahmenbedingungen für die

Wirtschaft garantieren, er musste in zunehmendem Maße auch die sich selbst organisierende Industrie und Wirtschaft regulieren und politische Entscheidungen vorgeben, die das Gesamtgefüge des Staates betreffen. So wandelte sich in Zentraleuropa der Staat in die Richtung eines Wohlfahrtsstaates, der nicht nur aktuell versorgt, sondern bereits vorausschauend vorsorgt und auch dafür sorgt, dass Benachteiligungen nachträglich ausgeglichen werden. Da der Staat jetzt die umfassende Lebenswelt des Menschen bildete, entwickelten die Bürger gegenüber dem Wohlfahrtsstaat auch die entsprechenden Erwartungen. Was Menschen früher in eigener Verantwortung zu leisten hatten und aus der Hand Gottes oder des Schicksals annahmen, das erwarteten sie mit dem Ausbau des Wohlfahrtsstaates zunehmend von staatlichen oder von staatlich kontrollierten Einrichtungen. Der Staat ist zum Letztadressaten für Gesundheit, Ausbildung, Fortkommen, berufliche Sicherheit, gerechte Verteilung und Rentengarantie geworden. So trägt der Wohlfahrtsstaat mit dem von ihm ausgelösten Anspruchsdenken der Bürger gegen seine eigene ideelle Intention dazu bei, die persönlich helfende Zuwendung zum Nächsten als überflüssig, und im Sinne einer Herablassung sogar als beleidigend erscheinen zu lassen.

3.2.10 Die Entwicklung zur religionsneutralen Demokratie

Die Prinzipien des Wohlfahrtsstaates und des Rechtsstaates sind in den westlichen repräsentativen Demokratien der jüngeren Vergangenheit und Gegenwart eng miteinander verbunden. In den monarchischen Staatsformen gab es die enge Verbindung von Staat und Religion. Diese Verbindung wurde in den westlichen repräsentativen Demokratien gelockert oder ganz gelöst. Der moderne Staat versteht sich als religiös neutral. Er garantiert seinen Bürgern die freie Ausübung ihrer jeweiligen Religion und erklärt damit die Religion zur Privatangelegenheit des Einzelnen. Als Privatsache hören Religion, Konfession oder Glaube auf,

Sache des *Staats*bürgers zu sein und verschwinden aus der staatlichen Öffentlichkeit. Damit wird angesichts der hohen Erwartungen an den Staat die Religion im Bewusstsein der Menschen zu einer persönlichen Nebensache marginalisiert.

Im religionsneutralen Staat entwickelt sich notwendig ein religiöser Pluralismus. Die unterschiedlichen Religionen werden auf dem Markt der Meinungen zu Konkurrenten und die Gesetze von Angebot und Nachfrage verändern die Erwartungen an die Religionen und diese selbst, da sie sich auf die Marktsituation einstellen müssen. Da sich der Einzelne jetzt mehreren gegensätzlichen religiösen Wahrheiten gegenübersieht, die sich gegenseitig neutralisieren oder gar ausschließen, verliert seine eigene religiöse Grundeinstellung auch für ihn selbst das Gewicht des Gültigen. Wenn viele Religionen im staatlichen Verständnis als gleich gültig gewertet werden, werden sie für den, der das nicht zu reflektieren vermag, belanglos und gleichgültig. In der öffentlichen Schule vieler Länder und Kantone kann man das Fach Religion abwählen, nicht aber Deutsch oder Mathematik oder Geschichte. Signalisiert das nicht schon dem Jugendlichen, dass Religion insgesamt abwählbar ist?

3.2.11 Vernunft ist ein Element von Religion

Die geistige Strömung, die unter dem Stichwort »Aufklärung« seit dem 18. Jahrhundert alles Überlieferte und auch die Natur vorurteilsfrei und vernunftgeleitet ansehen will, hat auf allen Feldern menschlichen Lebens dramatische Wandlungsprozesse herbeigeführt. Die Intention der Aufklärung ist dabei weder grundsätzlich gegen Religion noch gegen die christlichen Kirchen gerichtet. Das Vernunftkonzept der Aufklärer hat allerdings das Religionsverständnis, die Religiosität, den Glauben und das Weltverständnis in Europa tiefgreifend verändert.

Diese Veränderungen wurden nur zu einem kleinen Teil durch die direkte Religionskritik bewirkt, sondern stärker durch jene Wandlungsprozesse herbeigeführt, die sich aus jenen Umbrüchen ergaben, die sich in Sprache und Kunst, im Selbstverständnis und in den Formen des Staates und der Gesellschaft, in Naturwissenschaft und Technik vollzogen haben. Mit dem Stichwort »Säkularisierung« sind diese Vorgänge nicht zureichend charakterisiert, weil der Impuls zur Aufklärung sich selbst nicht vom Verlust des Überkommenen her versteht, sondern von dem her begreift, was wir durch den Gebrauch der Vernunft gewinnen können. Meine Behauptung lautet, dass auch für das Verständnis von Religion und für die Wirklichkeit christlichen Glaubens viel zu gewinnen ist, wenn sie mit Vernunft angesehen werden und wenn die Grenzen der Vernunft dabei beachtet werden.

4 Empirische Daten zum Ist-Zustand der Religiosität

4.1 Das Bezugssystem der Befragungen

Empirische Messwerte sind sinnvoll nur innerhalb des Gesamtkonzeptes der inhaltlichen und methodischen Vorgaben zu deuten. Auf die Schwierigkeiten, Probleme und Grenzen der Auswertung wurde in 4.2 hingewiesen. Die jüngste weltweit angelegte Studie zu Religion und Religiosität wurde im Religionsmonitor 2008 der Bertelsmann Stiftung vorgelegt. Sie stützt sich auf 21 000 Interviews in 21 Ländern. Die Studie legt einen »substanziellen Religionsbegriff« zugrunde. Danach »bildet der Glaube an eine transzendente Wirklichkeit den Kern der Religion« (AKR 692). Religiosität drückt sich in den Perspektiven und in den Beziehungen auf diese Transzendenz aus. Dieser Definition von Religion werden »sechs religionssoziologisch definierte Kerndimensionen der Religiosität« (AKR 19) zugeordnet. Das sind: Intellekt, Ideologie (*belief*), öffentliche Praxis, private Praxis, Erfahrung, Konsequenzen im Alltag. Die Intensität dieser Kerndimensionen im psychischen System des Einzelnen wird in den Abstufungen »zentral – untergeordnet – marginal« ermittelt. Wir beschränken uns auf jene Daten, die für den deutschsprachigen und europäischen Kulturraum von Belang sind.

4.2 Messergebnisse zur Religiosität

4.2.1 Selbsteinschätzung der eigenen Religiosität
Selbsteinschätzungen enthalten zwei kaum definierbare Unschärfen. Zum einen interpretiert jeder das Stichwort »religiös« auf seine Weise. Zum anderen ist ohne Kontrollfragen nicht zu überprüfen, wie ehrlich die Antwort ist. Auf die Frage: »Als wie religiös würden Sie sich selbst bezeichnen?« antworten in der Reihenfolge Österreich – Schweiz – Deutschland (AKR 352):

	A	CH	D
gar nicht religiös	19%	18%	24%
wenig religiös	20%	23%	26%
in mittlerem Mass religiös	7%	36%	35%
ziemlich religiös	15%	14%	9%
sehr religiös	8%	6%	6%

4.2.2 Selbsteinschätzung der eigenen Spiritualität

Der Begriff »Spiritualität« hat sich aus dem angelsächsischen Bereich vor allem durch die New-Age-Bewegung seit dem letzten Drittel des letzten Jahrhunderts auch in Europa verbreitet. Spiritualität ist noch weniger definierbar als Religiosität und wird vielfach im gleichen Sinne wie diese verstanden, allerdings weniger gebunden an traditionelle kirchliche Religiosität. Mit Spiritualität können z. B. keltische und germanische Rituale verbunden werden oder schamanistische Techniken, asiatische Meditations-Praktiken, Yoga, Ayurveda, Okkultismus, Magie und Esoterik. Die Selbsteinschätzung als »spirituell« liegt in Österreich, der Schweiz und Westdeutschland bei:

	A	CH	D (W)
gar nicht spirituell	33%	23%	36%
wenig spirituell	26%	23%	29%

Mit Spiritualität deutet sich eine von der traditionell-kirchlichen Religiosität unterschiedene Art von Religiosität an, wie sie sich z. B. in Hape Kerkelings Buch »Ich bin dann mal weg« ausdrückt.

4.2.3 Gebet und Meditation

Als Indiz für Religiosität gilt in unserer Kultur die Häufigkeit des Gebets. Im theistischen Denkmodell richtet es sich an Gott, das personale göttliche Gegenüber. Im Gefolge der Spiritualität hat sich neben dem Gebet die Meditation herausgebildet, die normalerweise keinen Ansprechpartner kennt und in nicht erfassbarer Vielfalt praktiziert werden kann. Die Befragung in Österreich, der Schweiz und Deutschland ergab, dass:

22%	beten,
10%	meditieren,
18%	beides tun,
50%	weder beten noch meditieren.

Signifikant ist, dass die Praxis des Betens und Meditierens bei den über 70-Jährigen 67% beträgt und bei den unter 30-Jährigen auf 28% abfällt (AKR 357).

4.2.4 Wunsch nach familialen Ritualen

Rituale zur Hochzeit, Geburt, Mündigkeit und Tod stehen hoch im Kurs. Sie werden von 72% derer gewünscht, die sich selbst als religiös-spirituell einstufen. Die Kasualien werden in den Statistiken im Verhältnis zu den Geburten und zu den Todesfällen oder im Verhältnis zur Kirchenmitgliedschaft der Eltern (bei Taufe) oder der Personen bei Konfirmation, Kommunion, Trauung und Bestattung angegeben. Die Prozentwerte der Taufen liegen höher als der tatsächliche Wunsch der Eltern, ihr Kind taufen zu lassen. Großeltern und verschiedene Rücksichten spielen dabei eine Rolle. Die Zahl der Bestattungen liegt ebenfalls höher als die statistische Zahl derer, die kirchliche Kasualien wünschen. »Der Wunsch nach religiösen Ritualen scheint verbreiteter zu sein als das Bewusstsein von Religiosität« (AKR 358 und 363).

4.2.5 Gottesdienstbesuch

Der Besuch des Gottesdienstes steht in herausragender Weise als Indiz für christliche Religiosität. In der römisch-katholischen Kirche ist der Besuch des sonntäglichen Gottesdienstes eine wesentliche Glaubenspflicht. 1950 gingen noch mehr als die Hälfte der deutschen Katholiken sonntags zur Kirche. 1970 waren es 37% und um 2000 zählte man noch 17%. Der Religionssoziologe Michael N. Ebertz stellt dazu fest: »Mehr als 20 Millionen (von den 27 Millionen) Katholiken verstoßen damit hierzulande Sonntag für Sonntag gegen ein zentrales Kirchengebot ... Die Kirchenbesucher-Frequenz der katholischen Kirchenmitglieder nähert sich damit deutlich derjenigen auf evangelischer Seite an, die 1963 17% betrug und derzeit bei 4% liegt.« (Ebertz 1999, 45f). Selbst die ziemlich Religiösen halten die Teilnahme am Gottesdienst nur noch zu 38% für sehr wichtig (AKR 366). In Westdeutschland liegt der Kirchgang bei derzeit 8,7%, in Ostdeutschland bei 3%. Er ist bei den Jüngeren signifikant niedriger als bei den Älteren (Pollack 80–82). Der Trend zu sinkenden Besucherzahlen ist allgemein zu beobachten. In Spanien sanken die Kirchgangsraten von 47% im Jahr 1980 auf 20% im Jahr 1998. In Frankreich fiel der Gottesdienstbesuch von 23% im Jahr 1970 auf 5% im Jahr 1998 (Pollack 83).

4.2.6 Gottesglaube

Im jüdisch-christlichen Kulturkreis hält man Gott für den absoluten Bezugspunkt des Glaubens, und Gottesglaube gilt deshalb als der Hauptindikator für Religiosität. Den Antworten auf die einfache Frage: »Glauben Sie an Gott?« ist inhaltlich freilich wenig zu entnehmen, denn mit dem Stichwort »Gott« verbinden die Befragten höchst Unterschiedliches, z. B. höchster Wert, ewiges Gesetz, Energie, Natur, persönliches Wesen, das in mein Leben eingreift.

Will man das Verhältnis der Befragten zur christlichen Gottesvorstellung ermitteln, so muss man die traditionelle theistische

Gottesvorstellung des Christentums als Bezugsgröße zugrunde legen. Im Unterschied zum angedeuteten allgemeinen Gottesverständnis ist nach traditionell theistischem Gottesverständnis des Christentums Gott als ein transzendentes, ewiges, allwissendes, allmächtiges und personales Wesen zu verstehen, das die Welt mit ihren Gesetzen erschaffen hat, das die Welt erhält und diese zu einem Ziel führt und das im Sinne dieses Ziels in das Weltgeschehen und sogar in das persönliche Leben eingreift.

An einen Gott in einem weiten und allgemeinen Verständnis glauben zur Zeit etwa zwei Drittel der Deutschen. Nach der jüngsten Befragung von 2012 in Hessen glauben 66,7 % an einen Gott im weitesten Sinn. Bei den Protestanten sind es 74,1 %, bei den Katholiken 81,5 % (Ebertz 2012, 75). Zeitliche Vergleiche zeigen, dass dieser allgemeine Gottesglaube in dramatischer Weise zurückgeht (80 % in 1991 gegenüber 66 % in 2002, vgl. Pollack 139).

Präzisiert man die Fragen weiter in Richtung der christlichen Gottesvorstellung, so sinkt die Zustimmung. Die Frage nach der Existenz Gottes bejahten 1967 noch 68 %, 1992 hingegen nur noch 56 % (Pollack 139). Fragt man noch spezieller nach einem Gott, der in unser Leben eingreift, so sinkt die Zustimmung selbst bei sehr Religiösen auf 35 %, bei in mittlerem Mass Religiösen auf 11 % und bei Nichtreligiösen auf 2 % (AKR 363).

Bei den Gottesgläubigen sind ferner die unterschiedlichen Zustimmungswerte zwischen Land und Stadt, zwischen Alten und Jungen, zwischen wenig und besser Gebildeten zu beachten. Nach einer Umfrage von Klaus-Peter Jörns von 1992 bekennen sich zu einem allgemeinen Gottesglauben

85 %	in einem katholischen Hunsrückdorf,
66 %	in einem evangelischen Hunsrückdorf,
37 %	in Berlin-Kreuzberg und Wannsee,
25 %	in Berlin Mitte,

| 66% | der über 64-Jährigen, |
| 25% | der 16–24-Jährigen. |

An einen allmächtigen Gott glaubten (nach Spiegel 25/1992, 46):

38%	der Deutschen
8%	der Schüler in Berlin-Ost (Jörns 77),
4%	der Schüler in Wolfsburg (Jörns 77).

Es ist zu erwarten, dass die Zustimmung zum traditionellen christlichen Gottesverständnis theistischer Prägung tendenziell weiter abnehmen wird, denn

- die Urbanisierung schreitet fort, die Dörfer bluten aus und die Bevölkerungszahlen der Städte wachsen. Im anonymen Umfeld der Stadt verblasst der im Dorfkontext erworbene und gestützte Glaube.
- die Zustimmung zur traditionell christlichen Gottesvorstellung bei den heute Jüngeren und späteren Eltern nimmt ab. Alle Untersuchungen weisen aus, dass vor allem die Religiosität der Eltern die Religiosität der Kinder prägt.
- die von naturwissenschaftlichem Denken geprägte Bildung der Kinder und Jugendlichen nimmt zu.

4.2.7 Leben nach dem Tod

Zur christlichen Religiosität gehört im Volksbewusstsein neben dem Gottesglauben der Glaube an ein Leben nach dem Tod. Daran glauben gegenwärtig (AKR 361)

65%	der sehr Religiösen,
28%	der im mittleren Mass Religiösen,
8%	der nicht Religiösen.

Diese Zustimmungsrate setzt sich allerdings aus privaten Mischungen aus griechischem Unsterblichkeitsglauben, östlichem Reinkarnationsglauben, esoterischen Vorstellungen und einem leiblich verstandenen christlichen Auferstehungsglauben zusammen.

4.2.8 Kirchenmitgliedschaft

Kirchenmitgliedschaft ist kein zureichender Indikator für Religiosität, aber ein Hinweis auf die mehr oder minder gewollte Verbindung zu einer religiösen Gemeinschaft und deren »Angebot«. 1950 gehörten in Deutschland 96 % der Bevölkerung einer christlichen Kirche an. Gegenwärtig sind es 69 % (78 % in West-, 32 % in Ostdeutschland). 12 % der Westdeutschen und 68 % der Ostdeutschen gehören keiner Religionsgemeinschaft an. Die Religionssoziologen sprechen von einem »stabilen Drittel der Religionslosen«. Religionslos und nicht religiös sind zwar nicht gleichzusetzen, aber beide Gruppen sind aber aus der persönlichen Sinnfrage nicht entlassen.

4.3 Transzendenzverständnisse

Für die Soziologie »bildet der Glaube an eine transzendente Wirklichkeit den Kern der Religion« (AKR 692). Aus dieser Perspektive wurde mit dem Datenmaterial religionssoziologischer Umfragen ermittelt, dass Menschen ihre religiöse Frage auf unterschiedliche Weise beantworten. Die einen beantworten sie mit Bezug auf eine transzendente Wirklichkeit, andere finden ihre Antwort in unterschiedlichen immanenten Vorstellungen. »Immanente Weltanschauungen leugnen nicht den Unterschied zwischen Immanenz und Transzendenz, wohl aber leugnen sie, dass eine transzendente Welt existiert und bestreiten damit die (soziologische) Kernvorstellung der Religion.« Sie entdecken »transzendenten Sinn in den immanenten Prozessen« (beide Zitate: AKR 694). Aus den unterschiedlichen Antworten auf die religiöse Frage zeichnete sich ein fünfstufiges Modell der Weltanschauungen ab. Jede dieser fünf Antwortgruppen wurde in einer einfachen Erhebungsfrage verdichtet und so durch Befragungen messbar gemacht. Die Gruppen ergeben sich aus den Antworten auf die Fragen, was unser Leben bestimmt und was ihm Sinn gibt. Die Bezeichnungen der Gruppen setze ich in Anführungszeichen, wenn sie von mir benutzt werden. Ich kennzeichne sie damit als soziologische Termini, die sich mit philosophischen nicht decken.

4.3.1 »Theisten«

Eine erste Gruppe beantwortet die Sinnfrage mit der Aussage: »Es gibt einen Gott, der sich mit jedem Menschen persönlich befasst«. Gott wird als ein transzendentes und persönliches Wesen vorausgesetzt, das im traditionellen christlichen Sinn als Schöpfer, Erhalter und Richter dieser Welt auch in mein persönliches Leben eingreift. Mein Lebenssinn ist von diesem Gott vorgegeben.

4.3.2 »Deisten«

Der Gott der zweiten Gruppe hat wohl die Welt geschaffen, aber er spielt darin keine aktive Rolle mehr. Diese Gruppe bejaht die Frage: »Das Leben hat nur eine Bedeutung, weil es einen Gott gibt, und das Leben hat einen Sinn, weil es nach dem Tod etwas gibt«. Wer zu dieser Gruppe gehört, der sieht die Welt in Gott gegründet, aber dieser transzendente Gott greift nicht in mein Leben ein. Mein Leben erhält seinen Sinn von der Aussicht auf ein transzendentes Sein nach dem Tod.

Die solchermaßen transzendenten Weltanschauungen des »Theismus« und »Deismus« sind in soziologischer Sicht für das christliche Abendland charakteristisch, aber nicht für die islamischen Kulturen und ihre monotheistische Religion und schon gar nicht für die hinduistischen und buddhistischen Gesellschaften.

4.3.3. »Naturalisten«

Die dritte Gruppe beantwortet die Sinnfrage rein immanent unter Ausschluss transzendenter Elemente. Sie stimmt der Aussage zu: »Unser Leben wird letzen Endes bestimmt durch die Gesetze der Natur.« Das ist die naturgesetzliche Version des Naturalismus. Wer der Festlegung zustimmt »Das Leben ist nur ein Teil der Entwicklung der Natur«, der neigt zur entwicklungsgeschichtlichen Version des Naturalismus. Der Sinn des Lebens wird jenseits der Person in der Natur gesucht. »Die Natur transzendiert die Person, nicht aber die Welt... Kurz, die Natur ist immanente Transzendenz ... Die Natur ist nicht nur Fundament, sondern auch Firmament.« (alle Zitate: AKR 659) »Der Naturalismus ist rund um den Erdball ziemlich stark ausgeprägt, aber willkürlich verteilt. Dagegen sind transzendente Weltanschauungen in der jüdisch-christlichen Welt ausgeprägt, allerdings nirgends sonst.« (AKR 715) Der Islam scheint hier ausgeblendet. Damit ist die für die Theologinnen und Theologen wichtige Feststellung getroffen, dass das Weltverstehen im Modell von transzendent und immanent nicht global gegeben ist, sondern nur als regionale und kulturbedingte Ausdrucksform vorliegt. Das wird uns noch beschäftigen.

4.3.4 »Existenzialisten«

Die vierte Gruppe bejaht die Frage: »Das Leben hat nur dann einen Sinn, wenn man ihm selber einen Sinn gibt«. Der Mensch muss den Sinn seines Lebens aus sich selbst herleiten. Er ist ihm weder durch Gott noch durch eine transzendente Macht noch durch die Natur als einer immanenten Transzendenz vorgegeben, sondern nur persönlich und weltimmanent zu gewinnen. »Die Immanenz des gegebenen Zustandes eines Individuums wird durch das transzendiert, woraufhin sich der Zustand entwickelt. Sinn ist gleichbedeutend mit der Selbstschöpfung einer Person nach ihren Plänen.« (AKR 695) Der Sinn des einzelnen Lebens liegt demnach in dem, woraufhin sich der Mensch selbst entwirft. In der jüdisch-christlichen Kultur beginnt die konsequent immanente »existenzialistische Sinndeutung« die transzendente theistische oder die deistische abzulösen.

4.3.5 »Agnostiker«

Die fünfte Gruppe bejaht die Aussage: »Das Leben hat meiner Meinung nach wenig Sinn«. Wer diese Meinung hat, sagt, dass ein Lebenssinn nicht erkennbar ist. Damit werden alle positiven Antworten der vorausgehenden Gruppen als unmöglich verworfen. Auf die Suche nach einem Sinn des Lebens wird verzichtet. Eine ganz andere Frage ist, ob und wie ein »Agnostizismus« dieser Art im praktischen Leben durchgehalten werden kann.

Daten über eine prozentuale Verteilung dieser Gruppen in den einzelnen Ländern liegen nicht vor. Auf der Basis der in der Studie des Religionsmonitors 2008 ermittelten Daten wurde eine Art Typologie der Religiosität entworfen, die nicht nur für das Einschätzen des Ist-Zustandes, sondern auch für den Ausblick auf die Zukunft von Religion hilfreich ist.

4.4 Eine Typologie der Religiosität

Basis für den Entwurf einer Typologie sind die Untersuchungen zur Religiosität, Spiritualität, Gebetshäufigkeit, Meditationshäufigkeit, Stärke des Gottesglaubens, Erwartungen eines Lebens nach dem Tod, persönliche Bewertung der familialen religiösen Rituale und Kirchgangsfrequenz. Die Religionssoziologen unterscheiden vier Typen, die hier für Österreich (A), Schweiz (CH) und Deutschland (D) vorgestellt werden. Die eigenwilligen Typenbezeichnungen werden unkommentiert übernommen (das Folgende: AKR 367).

4.4.1 Die Atheisierenden

Dieser Typus glaubt weder an Gott noch an ein Leben nach dem Tod. Er hält sich weder für religiös noch für spirituell, betet nicht, meditiert nicht und besucht auch keinen Gottesdienst. Er sieht zu 51% in jeder Religion einen wahren Kern und fordert zu 74%, gegenüber allen Religionen offen und tolerant zu sein, übt aber selbst keine religiöse Praxis aus. Die »Atheisierenden« haben die höchsten Prozentwerte. In den drei Ländern kommen sie auf 34%, und zwar: A 33% – CH 27% – D (West) 34% – D (Ost) 79%.

4.4.2 Die Christen
Sie kommen den im christlichen Abendland geltenden traditionellen Frömmigkeitswerten am nächsten. Sie glauben an Gott und an ein Leben nach dem Tod. Sie nehmen an der Ritualpraxis und am Gottesdienst teil und beten, halten sich aber von nichtchristlichen Frömmigkeitsformen und Praktiken fern. Ihr Prozentschnitt liegt in den drei Ländern bei 23%, und zwar A 27% – CH 20% – D (West) 26% – D (Ost) 10%.

4.4.3 Die Syn-Christen
Gemeint sind jene, die sich noch zu einer Reihe von traditionell christlichen Standards bekennen, aber zu 41% ihre Religiosität auch in nichtchristlichen und spirituellen Formen wie der Meditation zum Ausdruck bringen und praktizieren. Sie betrachten alle Religionen als gleichermaßen gültig, integrieren fremde Elemente in ihren christlichen Grundbestand und komponieren daraus eine persönliche Religiosität, die sie mit einem »modernen« Weltverständnis verbinden. Sie beschäftigen sich von allen am meisten mit religiösen Fragen. Ihr Gesamtanteil liegt bei 18%, und zwar A 14% – CH 26% – D (West) 15% – D (Ost) 2%.

4.4.4. Die Pilger
Sie fühlen sich keiner Religion oder Spiritualität zugehörig oder verbunden. Mit Spurenelementen von Religion und Spiritualität tragen sie allenfalls die Ahnung von etwas in sich, das auch das

eigene Leben umgreift. Dieser bunt gemischten Gruppe, sie sich auf individuelle Weise mit der gegenwärtigen Welt arrangiert, lassen sich 25 % zuordnen, und zwar A 26 % – CH 27 % – D (West) 24 % – D (Ost) 9 %.

4.5 Rückblick auf die Zustands-Erhebung

Die sozialwissenschaftlichen Daten zum Ist-Zustand der Religiosität sind aus der Sicht der christlichen Kirche und gemessen an deren theologischen Standards ernüchternd. Allenfalls ein Drittel der deutschsprachigen Bevölkerung kann sich noch mit der traditionell sprachlichen Fassung des christlichen Glaubens identifizieren. Aber auch bei diesem Drittel schreitet der Prozess der Spiritualisierung fort und das Profil, besonders der protestantischen Kirchen, löst sich ihn ihrem Kern, nämlich den Gottesdiensten, für viele zu blassen Pflichtübungen, zu Performances und zu Wohlfühl-Happenings auf.

Der Begriff »Säkularisierung« trifft für den Wandlungsprozess im Bereich des christlichen Glaubens voll zu. Er erklärt aber weder den gesellschaftlichen Wandlungsprozess als Ganzen noch dessen Ursache. Und er erklärt schon gar nicht, dass die Kirchen weder diagnostisch noch handelnd theologisch reflektiert darauf reagieren. Selbst wenn die Pfarrerschaft, wie alle anderen, dem Wandlungsprozess voll ausgesetzt ist, so verwundert doch der Eindruck der theologischen Selbstvergessenheit (?) und Reflexionssperre, mit der sie eine Art Schicksal anzunehmen scheint, und verharmlosend von »fröhlicher Verkleinerung« spricht.

5 Religion und Menschsein

5.1 Eine andere Sicht auf Religion

Die Religionswissenschaften und speziell der Religionsmonitor 2008 legen ihren Forschungen einen substanziellen Religionsbegriff zugrunde. Sie sehen das wesentliche Merkmal religiösen Erlebens und Verhaltens im Bezug des Menschen zur Transzendenz. Die religionswissenschaftlichen Forschungen können innerhalb der Rahmenvorgaben ihrer substanziellen Vorab-Definition von Religion fraglos wichtige Einsichten in religiöses Verhalten liefern. Ein normativer Geltungsanspruch für das Religionsverständnis lässt sich damit freilich nicht begründen. Hier soll ein Verständnis von Religion in den Blick gebracht werden, das sich aus den Bedingungen des Menschseins (*conditio humana*) ergibt.

5.1.1 Religion – ein Alleinstellungsmerkmal des Menschen

Als unbestritten darf gelten, dass bei keinem Tier Religion festzustellen ist. Religion ist ein menschliches Phänomen. Damit soll nicht in die leidige Diskussion um eine »Sonderstellung des Menschen« eingetreten werden, denn es geht nicht um Wertungen und um Abgrenzungen zwischen Mensch und Tier, sondern nur um jene qualitativen und quantitativen Gegebenheiten und Möglichkeiten, die der Mensch über das Tier hinaus hat und die ihn zur Religion befähigen. Was damit gemeint ist, lässt sich nicht vorab definieren, sondern ergibt sich erst aus jener biologischen Grundausstattung, mit der sich der Mensch in seiner Welt vorfindet.

5.1.2 Herders Sicht des Menschen

In der christlichen Welt ist der Mensch stets als die Krone der Schöpfung angesehen und hoch über das Tier erhoben worden. Im Gegensatz zu aller Metaphysik und Theologie, die den Menschen substanziell definierten, strebte der vielseitig begabte Theologe Johann Gottfried Herder (1744–1803) ein Menschenverständnis an, das sich an den biologischen Gegebenheiten des Menschen innerhalb der Bedingungen seiner natürlichen Umwelt orientierte. Er suchte die *conditio humana* aus dem Vergleich mit den Tieren zu ermitteln. Diesen Vergleich reduzierte er aber nicht auf das, was den Menschen vom Tier quantitativ und qualitativ unterscheidet, sondern er verglich die biologische Ausstattung für die jeweilige Lebenswelt von Tier und Mensch. So erkannte er, dass alle Tiere für ihre Umwelt mit den erforderlichen Sinnen, körperlichen Fähigkeiten und Instinkten von Geburt an biologisch perfekt ausgestattet sind. »Jedes Tier hat seinen Kreis, in den es von Geburt an gehört, gleich eintritt, in dem es lebenslang bleibet, und stirbt.« (Herder 712) Der Mensch dagegen kommt nackt, schwach und hilflos zur Welt. Er ist länger als die Tiere auf den Schutz und die Hilfe seiner Eltern angewiesen. Er ist nicht bewaffnet und auch für eine schnelle Flucht nicht ausgestattet. Er hat keine Instinkte für eine spezielle Umwelt, denn er hat überhaupt keine spezielle Umwelt, für die er biologisch eingerichtet wäre. So ist er, biologisch betrachtet, verglichen mit dem Tier, ein »Mängelwesen«. Er hat aber über das Tier hinaus nicht nur wie dieses ein Kommunikationssystem, sondern eine Sprache, die es ihm ermöglicht, seine Umwelt als ein Anderes zu erfassen, sich mit ihr auseinanderzusetzen, ja, sie sogar so zu gestalten, dass sie ihm lebensdienlich wird. So fällt ihm gerade durch den biologischen Mangel, in eine spezielle Umwelt eingepasst zu sein, mit Notwendigkeit die Freiheit zu, sich mit seiner jeweiligen Umwelt zu arrangieren, sich in ihr einzurichten, sie in seinem Sinne zu gestalten und sich darin selbst zu entwerfen.

5.1.3 Der Mensch nach der Evolutionstheorie
Herder war schon sechs Jahre tot, als Charles Darwin (1809–1882) zur Welt kam, dessen Beobachtungen an Pflanzen und

Tieren auch die Sicht auf den Menschen verändern sollten. Seine wichtigste, aber vorsichtige Schlussfolgerung in seinem 1871 erschienen Buch »Die Abstammung des Menschen« ist der Satz, »dass der Mensch von einer weniger hoch organisierten Form abstammt« (Darwin 262). Aus diesem Impuls entwickelte sich im 20. Jahrhundert die Soziobiologie, die das menschliche Sozialverhalten untersucht (vgl. Voland), die Primatologie, die den Menschen als ein Produkt der Natur versteht und den Grundprinzipien der Evolutionstheorie folgt. In der Konsequenz evolutionistischen Denkens kann der Soziobiologe Eckart Voland die Menschen als die Exekutoren biologischer Programme bezeichnen.

5.1.4 Der Mensch – ein Mängelwesen

Angesichts dieser sich früh abzeichnenden bio-reduktionistischen Tendenzen hat der Philosoph Arnold Gehlen (1904–1976) Herders Beschreibung des Menschen als eines Mängelwesens für seine Anthropologie mit dem Satz wieder aufgenommen: »Die philosophische Anthropologie hat seit Herder keinen Schritt vorwärts getan und ist im Schema dieselbe Auffassung, die ich mit den Mitteln moderner Wissenschaft entwickeln will.« (Gehlen 84) Gerade weil sich der Mensch als hilfloses, unspezialisiertes Wesen, ohne schützendes Fell, ohne Instinktausstattung, ohne physische Angriffs- oder Verteidigungswaffen in einer Umwelt vorfindet, für die er nicht speziell ausgestattet ist, muss er weltoffen sein und Vorgänge der Natur bewusst wahrnehmen, um seine Überlebenschance darin zu erkennen, sie zu nutzen und entsprechend zu handeln. Seinen biologischen Ausstattungsmangel kann der Mensch durch seine Sprachfähigkeit kompensieren.

5.2 Die Rolle der Sprache

5.2.1 Sprache und menschliche Natur

Zwischen Sprache, Menschwerdung und Menschsein bestehen enge Wechselbeziehungen, die hier nicht entfaltet werden können. Unerörtert bleiben auch die physischen Voraussetzungen für Sprache und der Zeitpunkt ihrer Entwicklung zum heutigen Stand (dazu Fischer 2012). Einzugehen ist hier nur auf das für unseren Zusammenhang Wesentliche. Mit sprachlichen Lauten, die für Gegenständliches oder Gedachtes stehen, kann der Mensch sich alles sprachlich Symbolisierte jederzeit gegenwärtig machen und auch jedem Teilhaber an seiner Sprachgemeinschaft mitteilen. Mit dieser Fähigkeit entsteht nicht nur eine neue Kommunikationsebene für das gemeinsame Handeln in der Gegenwart. Auch das Geschehene wird als Vergangenheit verfügbar und Vorgestelltes kann auch als Zukünftiges entworfen und gedacht werden. Während das Tier instinktiv und unmittelbar auf die Vorgänge seiner Umwelt reagieren muss, kann der Mensch dank der Sprache Distanz zum Hier und Jetzt halten. Er kann die Umwelt und ihre Prozesse als ein Gegenüber verstehen. So gewinnt er die Freiheit, darauf nach Einschätzung der Lage überlegt zu antworten und zu handeln. Er erschließt sich die Welt gemäß den Elementen und Strukturen seiner Sprache und deutet sie in den Symbolen und Denkmodellen, die sie anbietet. In der Kultur, die der sprachfähige Mensch auf diese Weise herausbildet, zeigen sich die Möglichkeiten der menschlichen Natur.

5.2.2 Der sprachfähige Mensch wird sich seiner selbst bewusst

Nachprüfbar gibt es in der Kindheitsentwicklung des Menschen einen Zeitpunkt, von dem an das Kind sich seiner selbst als eines eigenständigen Wesens bewusst wird, das sich zu anderen Menschen, Tieren, Pflanzen, Gegenständen und Prozessen, ja, sogar zu sich selbst ins Verhältnis setzen kann. Der Mensch kann sich das Verhältnis zu diesen vielgestaltigen Anderen aus der Perspektive der 1. und 3. Person vorstellen und er kann sich darüber Gedanken machen. Wann genau und in welchen Schritten das in der Entwicklungsgeschichte der menschlichen Gattung möglich war, kann hier offen bleiben, aber seit es möglich war, stellt sich dem Menschen unabweisbar die Frage: »Wer und was bin ich angesichts der vielen Lebewesen, Dinge und Vorgänge um mich herum?« Die Frage des Menschen nach sich selbst, die nur der Mensch stellen kann, ist in seiner Natur vorgegeben und notwendig.

5.2.3 Der sprachfähige Mensch wird sich bewusst, dass er endlich ist

Der sprachfähige Mensch, der in der Gegenwart nicht mehr gefangen ist, sondern Werden und Vergehen sieht und sich Vergangenes und Zukünftiges vorstellen kann, erfährt und erkennt sich selbst als vergänglich und sterblich. Das wiederum führt zu den Fragen: »Wo und was war ich vor meiner Geburt? Wo komme ich her? Wo gehe ich hin und was wird mit mir sein, wenn ich nicht mehr bin?« Diese Fragen fordern Antworten. Die Religionsgeschichte lehrt uns, dass die Mythen der Völker darauf Antworten geben: unterschiedliche Antworten, menschliche Antworten. 400 000 Jahre alte Gräberfunde mit Bestattungsbeigaben zeigen uns, dass Fragen und Antworten dieser Art schon lange vor der für uns historisch fassbaren Zeit existiert haben. Regional gleichartige Bestattungsriten verdeutlichen, dass die Antwort auf die Wohin-Frage nicht dem Einzelnen überlassen war, sondern von der Sprach- und Kulturgemeinschaft ausgeformt wurde und zum kollektiven Bewusstsein gehörte. Der Mensch ist das einzige Wesen, das sich zu seiner Endlichkeit und seinem Tod verhalten muss. Da er Zukunft in seinen Vorstellungen vorwegnehmen kann, wird er im Rahmen seiner Denkmöglichkeiten stets auch nach Antworten auf sein »Danach« suchen.

5.2.4 Der sprachfähige Mensch fragt nach Sinn und Ziel seines Lebens

Wenn mein Leben als endlich erkannt ist, so stellt sich angesichts der Endlichkeit dieses Daseins die Frage, was Sinn und Ziel dieses Lebens ist und wie sich dieses endliche Leben innerhalb der Gegebenheiten im Zusammenleben mit der (sprachlichen) Gemeinschaft gestalten lässt. Sobald der Mensch sich seiner Endlichkeit bewusst wird, stellt sich ihm die Frage nach den Werten und nach den Regeln des Handelns, also die Frage nach jener Dimension, die wir seit Aristoteles »Ethik« oder allgemeinsprachlich auch »Moral« nennen.

5.2.5 Der sprachfähige Mensch fragt nach der Macht hinter allem Geschehen

Der sich seiner selbst bewusst gewordene Mensch nimmt nicht nur sein eigenes Leben, sondern das gesamte Naturgeschehen um sich herum als ständige Veränderung wahr: als Tag und Nacht, als Winter und Sommer, als Wind, Regen, Blitz und Sonnenschein, als Bewegung der Gestirne, als Erblühen, Welken und Vergehen, als Geburt und Sterben. Da er erlebt, dass er durch sein Tun etwas bewirken kann (einen Stein ins Wasser werfen bewirkt Wellen; einen Stein nach einem Menschen werfen bewirkt dessen Verletzung oder Tod), fragt er in diesem »Modell von Bewirker und Wirkung« auch danach, von wem oder was das Geschehen in der Natur bewirkt und in Gang gehalten wird. Die Antworten finden wir in den Mythologien der Völker und sie werden in der abendländischen Philosophie unter den Stichworten »Ontologie« und »Metaphysik« und im Christentum unter dem Titel »Theologie« bis heute verhandelt.

Alle Antworten gehen auf die urmenschliche Frage nach jener Kraft oder Macht zurück, die in dem uns umgreifenden Naturgeschehen waltet, über das wir nicht verfügen, in das wir aber schicksalhaft eingebunden sind. Diese wie immer vorzustellende unsichtbare Macht, die in, hinter oder über den Vorgängen vorgestellt wird, die sie bewirkt, nennen wir heute »transzendent« oder»jenseitig«, und zwar in einem auf vielfache Weise verstehbaren Sinn. Sie kann uns für unsere Sinne nur als unzugänglich und unsichtbar oder als übernatürlich oder jenseitig gegenüber allem Seienden gedacht werden.

Zu dieser Macht, die man auf unterschiedliche Art als wirklich und existent ansehen kann, setzt sich der Mensch wie zu allen anderen Wirklichkeiten ins Verhältnis. Er sucht sich mit der übermächtigen Wirklichkeit zu arrangieren, er drückt seine Bewunderung aus, er sucht mit ihr in Kontakt zu kommen und sie für sich zu gewinnen und er versucht, in seinem Sinne auf sie einzuwirken, und zwar durch Klagen, Bitten, Beschwörungen, rauschhafte ekstatische Tänze und Zustände, mystische Erlebnisse und durch Rituale und kultische Praktiken kollektiver und privater Art.

5.2.6 Zusammenfassung

Der Blick auf die conditio humana (die Bedingungen des Menschseins) zeigt, dass mit der sprachlichen Möglichkeit des Menschen, sich seiner selbst bewusst zu werden, aus der anthropologischen Basis des Menschseins jene bereits genannten Fragen geradezu notwendig hervorgehen, die den Sinnhorizont von Religiosität umschreiben: »Wer bin ich? Woher komme ich? Wohin gehe ich? Wie gestalte ich mein endliches Leben und mein Verhältnis zu einem Größeren, das mich trägt?« Diese elementare, weil anthropologisch bedingte Religiosität des Menschen ist universal und transkulturell. Sie entfaltet sich, seit und solange der Mensch im heutigen Verständnis Mensch ist, und zwar in kulturell unterschiedlichen kollektiven und privaten Ausdrucksformen und sie ist so eng mit dem Menschsein und seiner Kultur verbunden, dass sie nur mit beiden verloren werden kann.

5.3 Der Glaube an höhere Wesen

5.3.1 Die Notwendigkeit der Sprache für Religion

Ohne Sprache keine Religion! Was legitimiert diesen pauschalen Satz? Die Sprache beruht auf der Symbolfähigkeit des Menschen, mit der wir uns mit einem sinnlich definierbaren Lautgebilde einen sinnlich definierbaren Gegenstand zu vergegenwärtigen, uns zeitlich und räumlich Entferntes jederzeit ins Bewusstsein zu holen und uns mit anderen Mitgliedern der Sprachgemeinschaft darüber verständigen zu können. Dabei gilt es, sich bewusst zu machen, dass wir uns mit unserer Sprache nicht die Gegenstände selbst vergegenwärtigen, sondern nur unsere Vorstellungen von den Gegenständen. Diese Vorstellungen sind keine objektiven Abbildungen der Gegenstände, denn unsere Wahrnehmungen werden begrenzt, aufgebaut und gedeutet innerhalb der Möglichkeiten und Filter unserer Sinne. Diese auf der menschlichen Symbolfähigkeit gegründete gegenstandsbezogene Faktensprache hat ihre Grenzen an den Grenzen der Gegenstandswelt.

Wollen wir uns etwas Ungegenständliches vergegenwärtigen oder uns darüber austauschen, so müssen wir dafür ein sprachliches Symbol konstruieren, einen Begriff bilden oder auf Anschauungsformen zurückgreifen, die wir unserer Gegenstandswelt entnehmen. Bereits in der Alltagssprache bezeichnen wir z. B. die Musik als eine »Quelle« der Freude. Wir sagen, dass ein Mensch »Wärme« ausstrahlt oder ein anderer »Licht« in mein Leben bringt. Der Physiker Werner Heisenberg hat bereits vor einem halben Jahrhundert darauf hingewiesen, dass selbst die Naturwissenschaft in Bereichen, die den Sinnen nicht mehr zugänglich sind, zu Bildern, Gleichnissen und zu symbolischer Rede greifen muss, um sich verständlich zu machen (Heisenberg 1959, 139–156). Physiker sprechen vom »Urknall«, von »schwarzen Löchern«, von »Wellen und Korpuskeln«, von elektromagnetischen »Feldern« im Atomgeschehen, obwohl es dies alles im dinglichen Sinn nicht »gibt«, sondern nur mathematische Gleichungen veranschaulicht.

Das alles gilt für die religiöse Rede in noch höherem Maße, denn sie bezieht sich auf etwas, für das es weder menschliche Anschauung noch mathematische Gleichungen geben kann. Ohne Sprache keine Religion! So führt uns die urmenschliche Frage nach unserem Woher und Wohin notwendig zu der grundsätzlichen Frage nach dem Woher und Wohin alles Gegenständlichen, das wir heute als Natur oder Kosmos bezeichnen. Da jeder aus der Alltagserfahrung weiß, dass er durch sein Handeln etwas bewirkt, liegt der Schluss nahe, dass hinter allem Geschehen in der Natur eine handelnde Wesenheit stehen müsse. Von der erfahrbaren Wirkung her wird auf ein bewirkendes Etwas geschlossen. Das ist eine sprachliche Operation, die kein Faktenwissen hervorbringen kann, sondern lediglich eine sprachliche Wirklichkeit erschafft, aus der sich kein weiteres Faktenwissen herleiten lässt.

5.3.2 Sprache und Vielfalt der Religionen

Sprachliche Symbole für Ungegenständliches sind keine Gleichungen, sondern als sprachliche Konstrukte lediglich veranschaulichende Hinweise. Symbole sind ihrem Wesen nach grundsätzlich mehrdeutig, weil sie viele Facetten enthalten, die als Hinweise dienen können. So kann mit dem Symbol des »Vaters« für das Göttliche der Ton auf den Hinweis für das Schaffende, Beschützende, Mächtige oder für das Fordernde, Furchterregende, Strafende gelegt werden. Zum anderen kann die gleiche nichtgegenständliche Verursacher-Wesenheit mit unterschiedlichen Symbolen angedeutet werden. Je nach Kultur, Umwelt, Gegebenheiten und Sprache entwickeln sich aus diesen Vorgaben unterschiedliche Weltverständnisse und konkrete Religionssysteme. Über diesen Formenreichtum in Geschichte und Gegenwart geben die Religionswissenschaften Auskunft.

Das ganz »Andere« kann als unpersönliche Kraft in den Dingen und Prozessen vorgestellt werden (Dynamismus) oder als verursachende Geisterwesen gedacht werden, die Berge, Flüsse, Pflanzen, Tiere und Gegenstände beseelen (Animismus). Diese Mächte können auch zu Dämonen und Götterwesen personifiziert werden (Polytheismus) und schließlich im Monotheismus als ein einziger persönlicher Gott und im philosophischen Monismus als ein einziges unpersönliches abstraktes Prinzip dargestellt werden.

Unser Interesse gilt der europäischen Gegenwart und wie hier von jener gedachten »Kraft, die die Welt im Innersten zusammenhält« zu Zeitgenossen gesprochen wird, gesprochen werden müsste, könnte oder sollte.

6 Welterkenntnis und Gotteserkenntnis

6.1 Menschliche Welterkenntnis

6.1.1 Der natürliche Sprachrealismus

Der Mensch, der in die Welt eintritt, sei es als Gattung oder als Einzelner, steht einer Fülle von Erscheinungen gegenüber. Aus seinen Erfahrungen mit diesen Erscheinungen baut sich in ihm ein Bild und Verständnis von »Welt« auf. Auf der Basis seiner Sinne und der Struktur seines Gehirns ist er der Überzeugung, dass die ihm begegnenden Gegenstände und Erscheinungen so sind, wie er sie wahrnimmt und wie er sie mit seiner Sprache benennt und erfasst. Was sich ihm über seine Sprache erschließt, wertet er als objektive Gegebenheiten der Außenwelt. Dieser »natürliche Sprachrealismus« ist in allen alten Kulturen weltweit anzutreffen. Er ist aus heutiger Sicht insofern als »naiv« (ohne Wertung) zu charakterisieren, als er noch keinerlei Selbstreflexion über die Bedingungen seines Erkenntnisprozesses enthält. Der Mensch, der in die Welt trifft, findet keine gegliederte Welt vor, sondern er gewinnt seine Gliederung und Sicht der Welt erst im Medium seiner Sprache in der Begegnung mit seinen Lebensbedingungen.

6.1.2 Das Weltverständnis als Konstrukt

Als Menschen sind wir ein Teil der Natur und können aus den uns vorgegebenen Bedingungen unseres Menschseins nicht ausbrechen. Die Strukturen unserer Sinne und der Charakter der menschlichen Sprache legen uns darauf fest, die Welt aus der Perspektive und innerhalb jener Möglichkeiten zu sehen, die uns gleichsam eingeboren sind. Damit ist gesagt, dass wir die Objekte und Ereignisse, denen wir begegnen, nicht so wahrnehmen können, wie sie »an sich« sind. Diese können uns nur in Gestalt von Konstrukten bewusst werden, die innerhalb unserer anthropologischen Bedingungen möglich sind. Kurz: Jedes menschliche Weltverständnis ist ein menschliches Konstrukt. Diese Aussage gewinnt ihren Inhalt erst in dem Maße, in welchem der Charakter der Konstruktion bewusst wird.

6.1.3 Der Deutungscharakter des Konstrukts

Jedes Konstrukt ist Deutung und Sinngebung dessen, was wir wahrnehmen. Sinn liegt in der Welt nicht vor. Er wird von Menschen durch Deutung der Welt erst gewonnen. Sinn wird zugeschrieben, z. B. einem bestimmten Geschehen, der Welt, der Geschichte, dem eigenen Leben. Die Frage ist, nach welchen Vorgaben, nach welchen Regeln und in welchen Anschauungsformen sich diese Deutungen und Zuschreibungen von Sinn vollziehen.

6.2 Gotteserkenntnis – ein Element von Welterkenntnis

Der Anthropologe Günter Dux hat 1982 eine von der Theologie und den Religionswissenschaften kaum beachtete Studie unter dem Titel »Die Logik der Weltbilder« vorgelegt. Darin versucht er, die Eigenart und die Strukturen des menschlichen Weltverstehens von ihren anthropologischen Bedingungen her zu verstehen und die Gesetzmäßigkeiten aufzuzeigen, nach denen Weltdeutung und Sinngebung zustande kommen.

6.2.1 Das sujektivistische Schema

Für das Neugeborene ist die Mutter oder die sorgende Bezugsperson das natürliche und für lange Zeit dominante »Objekt«, dem es begegnet. Es erfährt ständig, dass von diesem Objekt Aktionen ausgehen, die das eigene Leben betreffen. Die gleichen Erfahrungen macht es mit Objekten ähnlicher Art, die in sein Gesichtsfeld treten (Piaget 175). Daraus bildet sich ein kategoriales Objektschema, in welchem Objekte die Eigenschaft von Subjekten haben, die von sich aus handeln und damit etwas bewirken können. Diese Handlungsfähigkeit der im sozialen

Kontext erlebten menschlichen Objekte wird als Eigenschaft generell allen Objekten zugesprochen, mit denen das Kind zunehmend in Kontakt kommt. Objekte, welcher Art auch immer, werden dann generell als handlungsfähige Wesenheiten wahrgenommen. Dieses so entstandene Schema bezeichnet Dux als das »subjektivische Schema«. Es erweist sich als das universale kognitive Paradigma, in dessen Logik Menschen Wirklichkeit interpretieren.

6.2.2 Sprache festigt das subjektivistische Schema

Sprache, ein Spezifikum des Menschen, ist in einem langwierigen Wechselspiel von biologischen, kognitiven, kulturellen Entwicklungen und Erfahrungen entstanden. Sie konstituiert und ordnet Weltwirklichkeit und deutet sie gemäß ihrer grammatikalischen Struktur (Fischer 2012, 18–47). Innerhalb der indoeuropäischen Sprachenfamilie wird das subjektivische Objektschema des kindlichen Erlebens von Welt durch die Satzstruktur perfekt nachgebildet. Jeder aktive Aussagesatz benennt, von welchem Objekt welche Handlung ausgeht. Mit »Der Hund beißt« ist alles über den Zusammenhang zwischen einer Handlung und dem darin handelnden Agens gesagt. Selbst die Feststellung »Der Hund ist treu«, die im gleichen Satzschema artikuliert wird, vermittelt die Vorstellung, dass auch »treu sein« eine Art Tätigkeit ist, die vom Hund ausgeht. Der deutsche Satz nötigt uns sogar, selbst dort ein Agens zu benennen, wo wir keines nennen können. In dem Satz: »Es regnet«, müssen wir mit dem »es« einen Täter erfinden, um ausdrücken zu können, was geschieht. Das kognitive subjektivische Objektschema wird vom indoeuropäischen Aussagesatz in seiner Satzstruktur und damit als Denkstruktur nachgebildet und vorgegeben. So bestätigen sich das subjektivische Erlebnisschema und das grammatikalische Satzschema gegenseitig in ihrer Interpretation, wonach die Weltwirklichkeit als ein Gefüge von handelnden Wesenheiten zu verstehen ist.

6.2.3 Der logische Charakter des subjektivischen Schemas

Schemata als Konstrukte liegen nicht in den Objekten oder in den Ereignissen selbst; sie sind wie die Brille, durch die wir sie ansehen und interpretieren. Das subjektivische Schema und der aktive Satz heben im soziomorphen Modell handelnder Subjekte hervor, von wem welche Handlung ausgeht. Beide fragen nach dem Ursprung eines Geschehens. »Und der Ursprung wird allemal im Schema der Subjektivität eines Agens gedacht.« (Dux 119) Dieses Schema, das ein Ereignis von seinem Ursprung her definiert, ist in seiner logischen Struktur ein »Kausalschema«. Darin lassen sich kognitiv alle Ereignisse erfassen und erklären, auch wenn sie nicht von handelnden Personen oder Lebewesen ausgehen, denn auch nicht lebenden Objekten wird die Handlungsfähigkeit von Subjekten in gleicher Weise zugesprochen.

6.2.4 Der intentionale Charakter des subjektivischen Schemas

Das subjektivische Schema, das sich in den persönlichen Erfahrungen mit handelnden Personen herausgebildet hat, schließt den Gedanken ein, dass das handelnde Wesen absichtlich so handelt, wie es das mir oder einem anderen gegenüber tut. Damit werden alle Ereignisse als intentionale Handlungen bewertet und verstanden, gleichviel, wer oder was als das Agens identifiziert wird. Das ergibt sich aus der Logik, die uns begegnenden Ereignisse in einem soziomorphen Denkmodell zu interpretieren.

6.3 Das subjektivische Schema ermöglicht unterschiedliche Gottesvorstellungen

In der Frühzeit der Menschheit gab es noch keine Götter im heutigen Sinn. Religiosität bezog sich auch nicht auf Götter, sondern äußerte sich in dem Bemühen, sich innerhalb einer vorgegeben Welt als menschliche Gruppe zurechtzufinden und zu überleben. Das sich bildende subjektivische Schema erwies sich für das Verstehen, Erklären und Umgehen mit der vorgegebenen

Welt als ein geradezu universales Medium. Wir müssen uns hier nicht mit religiösen Entwicklungstheorien beschäftigen, sondern können uns auf die für unser Thema notwendigen Entwicklungstypen oder Plateaus beschränken.

6.3.1 Fetisch und Fetischismus

Abgesehen von der Frage nach der Urform von Religion treffen wir auf die im subjektivischen Schema bereits angelegte Vorstellung, dass Gegenstände der Natur oder jeder beliebige Gegenstand handlungsfähige Wesenheiten sind. Sie erscheinen mit einer Kraft ausgestattet, die etwas bewirken kann. Diese Kraft kann dem Gegenstand selbst anhaften oder sie wird ihm durch einen Geist zugeführt. Der Fetisch ist aus vielen afrikanischen Kulturen bekannt.

6.3.2 Totem und Totemismus

Das Totem bezeichnet ein Wesen, zu dem der Mensch oder eine Menschengruppe in einer magischen Verbindung steht. Es wird als eine Macht verstanden, von der der Mensch oder die gesamte Gruppe sich abhängig weiß. Das Totem kann ein Tier, eine Pflanze, eine Naturerscheinung oder eine ganze Gattung davon sein. Totems sind keine Götter. Sie werden auch nicht kultisch verehrt. Aber in der soziomorphen Sicht des subjektivischen Schemas weiß sich der Einzelne oder der Clan diesem überlegenen »Wesen« auf geheimnisvolle Weise verbunden. Der Totemismus begegnet uns vor allem auf der Kulturstufe der Jäger und Sammler.

6.3.3 Die Allbeseelung als Animatismus und Animismus

Werden alle Körper als belebt und lebendig angesehen und werden ihnen übernatürliche Kräfte zugeschrieben, so sprechen wir von Animatismus, von Dynamismus oder von Präanimismus.
Im Weltverständnis der Animisten erscheinen alle Lebewesen, Pflanzen und Gegenstände mit einer nichtkörperlichen Seele

ausgestattet, die als eine Art Geist verstanden wird. Diese Geister bilden die Aktionszentren, von denen das ausgeht, was geschieht. Einige Religionswissenschaftler sehen hier den Anfang von Religion, wo der Mensch zu diesen Geistern in eine Beziehung tritt und diese auch kultisch verehrt.

6.3.4 Der Dämonismus

Der Begriff »Dämon« steht für übersinnliche und übernatürliche Geistermächte, die man sich personenartig vorstellt, ausgestattet mit (oft erschreckender) Gestalt und mit einem handlungsfähigen Willen, der meist zum Schaden der Menschen eingesetzt wird. Dämonen sind keine eigenständigen Götter und sie haben auch noch keine individuellen Namen. Als frei schweifende Wesenheiten, die einzeln oder in Scharen auftreten, halten sie sich an abgelegenen Orten auf.

Sieht man die Welt allenthalben als von Dämonen durchwirkt und gestaltet, so haben wir ein polydämonistisches Weltverständnis vor uns. Die Dämonen sind für das Böse in der Welt verantwortlich. Der Mensch sieht sich zwar von einer Fülle von Dämonen bestimmt und bedrängt; er baut aber kein Verhältnis der Verehrung zu ihnen auf.

6.3.5 Der Polytheismus

Im Polytheismus sieht der Mensch das Weltgeschehen und sein persönliches Schicksal durch das Handeln einer Mehrzahl von persönlich vorgestellten Göttern bestimmt. Diese göttlichen Wesen sind mit übermenschlichen Kräften ausgestattet und ihrem Charakter gemäß in umschriebenen Zuständigkeitsbereichen selbstständig handlungsfähig, aber untereinander nicht auf ein gemeinsames Tun hin koordiniert. Sie können zu einem Pantheon oder zu kleinen Gruppen zusammentreten und einen Hochgott haben, in dem sich ein gemeinsamer Wille bereits andeutet. Die Vielfalt der Möglichkeiten drückt der Religionswissenschaftler William R. Paden mit der Feststellung aus: »In

Indien gibt es schätzungsweise 330 Millionen Götter – und doch handelt es sich letztlich nur um einen.« (Paden 160)

Die polytheistische Götterwelt, die für Hochkulturen kennzeichnend ist, bleibt regional gebunden. Polytheistische Götter werden nach Qualitäten und Funktionen unterschieden. Sie werden als anthropomorphe Mächte vorgestellt und sie tragen Namen, die auf ihre Funktionen oder auf ihr Handlungsfeld hinweisen. Viele römische Götter sind für kleinste Teilbereiche zuständig. So z. B. »Seia« für die Aussaat, »Segesta« für die Schösslinge, »Prosperina« für die Halme, »Nodotus« für die Segmente des Halmes und wieder andere für die unterschiedlichen Reifestadien bis hin zu »Flora«, zuständig für die Blüte. »Götter erfahren ihre Individuierung durch den Teil der Welt, für den sie einstehen« (Dux 189), sie stehen für Ereignisse und Prozesse.

6.3.6 Der Henotheismus

Innerhalb des polytheistischen Weltverständnisses begegnet uns die Variante des Henotheismus (gr. *hén*: eins), des Ein-Gott-Glaubens. Deren Anhänger bezweifeln oder leugnen die Existenz anderer Götter nicht, sie selbst sehen sich und ihre Gruppe aber nur einem unter vielen Göttern gegenüber und dazu verpflichtet, nur diesen einen zu verehren (Monolatrie). Israels Jahwe-Glauben vor der Zeit des Exils kann man sich der Tendenz nach als henotheistisch vorstellen. Man spricht daher auch von Israels »Mono-Jahwismus« oder von »subjektivem Monotheismus«. Die Mysterienreligionen der hellenistischen Ära, die nur auf eine einzige Gottheit setzten, sind ebenfalls als henotheistisch zu verstehen. Die Mysteriengottheiten lösten sich bereits aus allen regionalen oder völkischen Begrenzungen und zeigten sich als universale Gottheiten.

6.3.7 Der Monotheismus Israels

Der Glaube an nur einen und einzigen universalen Gott, der die Existenz anderer Götter ausschließt, setzt den polytheistischen

Hintergrund voraus, indem er ihn ausdrücklich verneint. Personalität und anthropomorphe Vorstellungen der polytheistischen Welt bleiben erhalten, aber es bedarf jetzt keines individuellen Gottesnamens mehr. Das Wort »Gott« in seinen unterschiedlichen sprachlichen Fassungen wird zum Gattungsbegriff und von der jeweiligen Kultur inhaltlich umschrieben. Dabei geht es aber nicht allein darum, das göttliche Wesen als solches zu definieren, sondern zugleich darum, das wechselseitige Verhältnis zwischen Gott und Mensch zum Ausdruck zu bringen.

Der eine und einzige Gott wird als das höchste Wesen verstanden. Er ist Person und als solche mit Willen begabt und zu zielgerichtetem Handeln befähigt; er ist gut, allmächtig, allwissend, allgegenwärtig, mit absoluter Macht ausgestattet. Kompetenzen und Zuständigkeiten, die im polytheistischen Weltverständnis noch auf viele Götter verteilt sind, erscheinen jetzt im Willen und in der Vollmacht der einen göttlichen Person gebündelt. Er, der weder Anfang noch Ende hat, ist Grund und Ursprung alles Seienden, und er ist in seiner Schöpfung stets präsent und regulierend am Werk. Wenn alles, was geschieht, durch ihn bewirkt wird, so ist das Größte und Kleinste von ihm auch beabsichtigt und gewollt.

Aus dem Handlungsmonopol, das dem einzigen Gott zugesprochen wird, ergibt sich für das monotheistische Gottesverständnis freilich eine Aporie, die innerhalb des eigenen Systems nicht befriedigend zu lösen ist: das Problem des Bösen, das als widergöttlich gewertet wird und entweder Gottes Güte oder seine Allmacht infrage stellt.

Das subjektivische Schema, wonach das Geschehen in der Welt durch handelnde Subjekte bewirkt wird, bleibt als Denkmodell und als Paradigma des Weltverstehens auch im Monotheismus voll wirksam und wird jetzt konsequent auf den allein handelnden einen Gott bezogen. Aus den generellen Formulierungen »es regnet« oder »es regnet nicht«, die das Tätersubjekt im »es« verborgen halten, können oder müssen jetzt die korrekten Aussagen werden: »Er (Gott) hatte noch nicht regnen lassen« (Gen 2,5) und »Er (Gott) ... lässt regnen über Gerechte und Ungerechte (Mt 5,45).

Der Monotheismus in seiner uns bekannten Form begegnet uns erstmalig in Israel in der Zeit des babylonischen Exils (587–532 v. Chr.). Ein uns namentlich nicht bekannter Prophet jener Exilzeit (genannt Deutero-Jesaja) formuliert das Monotheismuskonzept so: »Ich bin der Herr, und keinen Retter gibt es außer mir« (Jes 43,11) und »Ich bin der Erste und der Letzte, und es gibt keinen Gott außer mir« (Jes 44,6b). Das wurde vom Islam übernommen: »Ruf nicht neben Allah einen anderen Gott an! Es gibt keinen Gott außer ihm.« (Sure 28,88)

6.3.8 Der gegenstandslose Monismus Asiens

In religionsgeschichtlicher Sicht ist die Ausbildung eines personalen Gottesgedankens nicht zwingend. Im Advaita-Vedanta-Hinduismus ist die monistische Tendenz wohl spürbar, aber sie verdichtet sich in einer apersonalen Gottesvorstellung zu einem unqualifizierten, attributlosen, absoluten Sein ohne Gegenstandscharakter. Das wird auch im Neo-Hinduismus beibehalten, wo das attributlose *nirguna*/Brahman als die höchste, wenngleich ungegenständliche Realität gilt. Gottheiten werden dort nur als Manifestationen des Unnennbaren verstanden.

Buddha (ca. 560–480 v. Chr.) hat die Frage nach Gott nie beantwortet. Er hielt sie im Blick auf den Erlösungsweg des Menschen für nicht bedeutend. Nirgendwo erhebt er den Anspruch, ein Gott habe sich ihm offenbart. William E. Paden fasst zusammen: »Nicht alle Religionssysteme gehen von der Prämisse aus, dass die höchste Priorität der Welt ein bestimmtes Wesen ist ... Der Buddhismus kann wohl als die Religion angesehen werden, die uns die meisten Beispiele für den Versuch liefert, im Streben nach Erleuchtung Götter und ihre Objektivierungen zu transzendieren.« (Paden 160) Das subjektivische Handlungsparadigma scheint freilich auch hier in der Volksfrömmigkeit wirksam zu bleiben, aber die religiöse Reflexion macht den Versuch, sich daraus zu befreien.

6.3.9 Der Begriffsmonismus der griechischen Philosophie

Seit etwa der Mitte des ersten Jahrtausends v. Chr. lösten sich griechische Denker aus der geltenden Denkform des polytheistischen Weltverständnisses und begannen unabhängig von den in den Mythen angebotenen Antworten mit den bloßen Mitteln ihres Denkens nach Ursprung und Wesen von Natur zu fragen. Die Fragmente eines ersten zusammenhängenden philosophischen Entwurfs liegen uns von Anaximander von Milet (um 611–545 v. Chr.) vor. Er identifizierte den Anfang als das *apeiron*/Unerfahrbare, Unbeschränkte, Unerschöpfliche und erhob es in den Rang des Göttlichen. Im Gegensatz zu den Göttern dachte er das *apeiron* allerdings weder als Person noch als selbst entstanden noch als vergänglich noch als endlich begrenzt, aber doch als etwas Dinghaftes, das »es gibt« (Vorsokratiker I, 56–81). Mit dem Konstrukt des *apeiron* hat er das Göttliche zwar entpersonalisiert, jedoch hörte es damit nicht auf, handelndes Täterobjekt zu sein.

Eine direkte und beißende Kritik des mythischen Weltverständnisses lieferte Xenophanes von Kolophon (570/80–480/85 v. Chr.). Er führte vor allem die irreführenden anthropomorphen Gottesvorstellungen ad absurdum und wies den Gedanken eines göttlichen Eingreifens in das Weltgeschehen und in das menschliche Leben scharf zurück (vgl. Vorsokratiker I, 221–225). Er verbannte die konkreten Götter, hielt aber an einem Göttlichen fest. Die Personifizierung des natürlichen Geschehens erfuhr damit eine Art abstrakter Verdinglichung, in der das subjektivische Handlungsschema aber ungebrochen gegenwärtig ist.

Protagoras von Abdera (485–415 v. Chr.) bestritt generell, dass man Aussagen über die Existenz von Göttern machen könne. Er wurde dafür wegen Gottlosigkeit verurteilt und starb auf seiner Flucht aus Athen.

Platon (427–347 v. Chr.) versuchte das ungesicherte Wissen seiner Vorgänger mit seiner Ideenlehre auf eine verbürgte Basis zu stellen. Für ihn war alles wahre Erkennen ein Sich-wieder-Erinnern, und zwar an die vorgeburtlich geschauten Ideen, in denen sich das Wesen der Dinge zeigt. Die Ideen als die unveränderlichen geistigen Urbilder der Dinge sind nach Platon das eigentlich Seiende, das Ewige, das Unveränderliche, das sich in den Dingen nur abbildet. Die Idee nimmt hier den Rang des unzugänglichen Göttlichen ein. Sie wird als eine dem Menschen vorgeburtlich offenbar gewordene absolute Wahrheit und als Erkenntnis höchster Ordnung verstanden, die seiner Verfügung entzogen ist. Die Handlungsvollmacht bleibt auch hier bei der metaphysischen Wesenheit der Ideen, aus denen alles irdische Dingliche als Abbild hervorgeht.

6.4 Die gegenwärtig praktizierten Paradigmen

6.4.1 Die »Achsenzeit«

Der Philosoph Karl Jaspers (1883–1969) hat die Zeit um das 6. Jahrhundert v. Chr. als »Achsenzeit« bezeichnet. Er lenkte damit den Blick auf die Beobachtung, dass sich in jener Zeit in mehreren Kulturen Grundmuster des Weltverstehens herausgebildet hatten, die bis in die Zeit der europäischen Aufklärung galten, also zwei Jahrtausende lang.

Für die drei genannten »Monismen« (6.3.7; 6.3.8; 6.3.9) trifft die zeitliche Übereinstimmung zu. Nicht aber etwa für das asiatische Konzept der Gegenstandslosigkeit eines Höchsten und der Verweigerung, ein monistisches Handlungsprinzip überhaupt zu denken. Damit tut sich westliches Denken bis heute schwer. So bestritt man z. B., dass der Buddhismus überhaupt als eine Religion zu verstehen sei, da er sich nach westlicher Definition von Religion nicht auf ein Göttliches im Sinne eines Ursprungsprinzips beziehe und dazu bekenne, obwohl dort die gleiche Auseinandersetzung mit den Grundfragen des Lebens stattfindet, nur eben mit anderen Schwerpunkten und in anderen Anschauungsformen als nach den abendländischen Paradigmen. Die Bezeichnung »Achsenzeit« bewährt sich also vor allem für den europäischen Kulturraum.

6.4.2 Die Verschränkung zweier Monismen im Christentum

Der griechische Begriffsmonismus hat über Platon hinaus in Gnosis, Stoa und anderen Schulen eine Reihe von Varianten hervorgebracht. Der jüdische Monismus wurde ungebrochen zur Ausdrucksform auch der christlichen Botschaft im frühen Christentum. Im Zuge der geistigen Auseinandersetzung mit den religiösen und philosophischen Strömungen im Römischen Reich suchten bereits die christlichen Apologeten des 2. und 3. Jahrhunderts und später die Kirchenväter und Synoden in den Phasen der christologischen Klärungen des 3. bis 5. Jahrhunderts die christliche Botschaft in jenen griechisch-hellenistischen Denkformen, Sprachmöglichkeiten und Symbolen zu vermitteln, die auch den Adressaten vertraut waren. Der theistische Monismus der jüdisch-frühchristlichen Zeit wurde besonders durch die Trinitätslehre vom neuplatonischen Begriffsmonismus überlagert und zum Teil dominiert. Nach dem Bekanntwerden der aristotelischen Schriften im mittelalterlichen Westeuropa hat Thomas von Aquin der Theologie eine philosophisch geprägte Basis und damit auch eine entsprechende inhaltliche Färbung gegeben, die im westlichen Katholizismus beibehalten und in den protestantischen Kirchen nur teilweise zurückgenommen wurde. Die beiden Monismen konnten auch deshalb leicht viele Verbindungen eingehen, weil sie der gleichen subjektivischen Logik folgten.

6.4.3 Das subjektivische Schema bleibt das Standardmodell europäischen Denkens

Zunächst sei festgehalten, dass sich der platonische Begriffsmonismus in der gesamten Geistestradition des Abendlandes als dominant durchgesetzt hat. Dazu nur einige Hinweise. Im Universalienstreit des Mittelalters wurde als selbstverständlich vorausgesetzt, dass Begriffe als handlungsfähige Entitäten zu verstehen sind.

Martin Luther hat Gottes Wort nicht nur in seiner bildhaften Sprache, sondern auch in der Sache als handelndes Subjekt verstanden, in dem Gott an uns tätig wird: »Das Wort tut's! Denn ob Christus tausendmal für uns gegeben und gekreuzigt würde, wäre alles umsonst, wenn nicht das Wort Gottes käme, und teilte es aus und schenkte mir's und spräche: Das soll dein sein, nimm hin und habe dir's!« (Luther, WA 18, 202f) Für Luther setzt das Wort Wirklichkeit – auch das Predigtwort.

René Descartes setzte bei seiner Argumentation die reale Dinghaftigkeit der Vorstellungen voraus. Dass die Existenz einer Sache mit dem Begriff dafür weder gegeben noch gar bewiesen ist, hätte er schon von Gaunilos Einwand gegen Anselm von Canterburys Gottesbeweis (11. Jahrhundert) lernen können.

Wie unbemerkt und hartnäckig sich die Logik des handelnden Subjekts selbst in den Spitzenwerken der Philosophie durchgesetzt hat, zeigt ein Blick auf den deutschen Idealismus. Kant sah durch die Kausalität den Beweis für eine verursachende handelnde Substanz erbracht: »Wo Handlung, mithin Tätigkeit und Kraft sind, da ist auch Substanz, und in dieser muss der Sitz jener fruchtbaren Quelle der Erscheinungen gesucht werden.« (Kant 1781, 237f)

Bei Gottfried W. F. Hegel tauchte die bereits von Anaxagoras (um 500–428 v. Chr.) und anderen geäußerte Vorstellung einer »Weltvernunft« in Gestalt eines »Weltgeistes« wieder auf, und zwar als »das belebende Element in der Geschichte, das in seiner Entfaltung eine dialektische Folge von Epochen *generiert*.« (PhWb 761) Im Prozess der Geschichte wird der Weltgeist sich seiner selbst bewusst. Dieses Prinzip alles Wirklichen ist und handelt als eine schaffende Macht, die dem Göttlichen entspricht.

Schopenhauer bemerkte dazu sarkastisch, Hegel habe den in der Philosophie abhanden gekommenen, aber vom preußischen

Staat gewünschten Gott von Amts wegen wieder eingeführt. Den Agens-Charakter des Hegelschen »Weltgeistes« hat er als solchen nicht kritisiert. In seiner Philosophie erklärte er den Willen zum Wesen der gesamten Wirklichkeit, zum »Ding an sich«. Das alleinige Wesen des Willens sei es, immer zu streben. Dieses Streben sei aber nicht zielgerichtet, sondern ein blindes, vernunftloses Drängen. So finden wir auch hier das elementare subjektivische Agens-Modell als metaphysisches Prinzip wieder.

Der sprachsensible Friedrich Nietzsche hat 1887 in »Zur Genealogie der Moral« sehr deutlich auf das unbewusst wirkende subjektivische Prinzip hingewiesen: »Unsere ganze Wissenschaft steht noch ... unter der Verführung der Sprache und ist die untergeschobenen Wechselbälge der Geschichte, die ›Subjekte‹ nicht losgeworden.« (1. Abh., Abschn. 13) Sein kritischer Zwischenruf, sich des eigenen Denkparadigmas bewusst zu werden, blieb in den Geisteswissenschaften bis weit in das 20. Jahrhundert ungehört.

6.4.4 Die Entflechtung der Monismen seit der Aufklärung

Wie die Metalle im Amalgam, so lassen sich auch die beiden Monismenmodelle wieder voneinander trennen. Mitte des 18. Jahrhunderts begannen sich die einzelnen Disziplinen aus der inhaltlichen und methodischen Vormundschaft der Theologie zu lösen. Sie fragten nach der ihnen eigenen Thematik und entwickelten geeignete Methoden, um sich ihren Forschungsgegenstand eigenständig zu erschließen. Die sich herausbildenden Philologien außereuropäischer Sprachen und die Ansätze zu einer historisch-kritischen Wissenschaft weiteten und schärften den Blick für andere Möglichkeiten, Welt zu verstehen. Man ließ die theistische Frage fallen, was Gott mit diesem oder jenem wohl beabsichtigt habe, und suchte die natürlichen, kulturellen und geschichtlichen Begebenheiten oder Vorgänge aus sich selbst zu erklären. Damit knüpfte man an das Konzept des altgriechischen Naturphilosophen Anaximander von Milet an, der im

6. Jahrhundert v. Chr. als Erster nach dem Prinzip fragte, das in den Dingen und Vorgängen waltet. Damit wurde aus dem von außen wirkenden göttlichen Agens ein in den Dingen und Ereignissen wirkendes internes Agens. Das beiden Modellen zugrunde liegende subjektivische Grundschema einer agierenden Macht ist freilich geblieben.

6.4.5 Naturwissenschaftliches Weltverständnis

Die Naturwissenschaftler des 17. und 18. Jahrhunderts waren der festen Überzeugung, dass sie mit ihren Forschungen dazu beitrügen, die Gedanken Gottes mit seiner Schöpfung zu entschlüsseln. Im Zuge der methodischen Selbstbesinnung erwies es sich als notwendig, dieses theistische Element auszuschließen und das Naturgeschehen nur aus sich selber zu verstehen und zu erklären. Dabei traten die »Kräfte der Natur« an die Stelle der göttlichen Schöpferkraft. Im subjektivischen Handlungsmodell wurden nur die Agenzien (die treibenden Kräfte) ausgewechselt, die Struktur des Paradigmas selbst blieb erhalten. Damit stand man wieder dort, wo die griechischen Philosophen angefangen hatten. Für den klassischen Physiker hatte es fortan keinen Sinn mehr, hinter den Anfang zurückzufragen, weil er nur von dem sprechen konnte, was bereits ist und wie es sich verändert hatte.

Die Krise des subjektivischen Handlungsmodells in den Naturwissenschaften brach exakt mit dem Beginn des 20. Jahrhunderts aus. Max Planck widerlegte die Hypothese der klassischen Physik, wonach die Energie physikalischer Systeme sich stets kontinuierlich ändere. Er postulierte, dass Energie zwischen Strahlung und Materie nur in »diskreten Paketen« ausgetauscht werden könne. Das bedeutete, dass die bisher geltenden Gesetze der Physik und ihre gegenständlichen Vorstellungsformen von Welle und Korpuskel sich nicht auf die Atome anwenden ließen. Albert Einsteins Spezielle Relativitätstheorie von 1905 zeigte, dass bei Objekten, deren Geschwindigkeit sich der Geschwindigkeit des Lichts nähern, die Newton'schen Gesetze nicht mehr galten. In seiner Allgemeinen Relativitätstheorie von 1916 behauptete er, die Gravitation sei keine Kraft, die im Universum zwischen materiellen Objekten wirke, sondern eine strukturelle Beschaffenheit des Universums, eine »geometrische Eigenschaft der Raum-Zeit«. Da die aufgedeckten Widersprüche im alten Paradigma auch mit Hilfshypothesen nicht mehr zu lösen waren, musste in einer Art wissenschaftlicher Revolution ein neues Paradigma gefunden werden, in welchem alle verfügbaren Daten in einen gemeinsamen theoretischen Rahmen eingeordnet werden konnten.

Angesichts der verfügbaren Daten war der »Paradigmenwechsel« (vgl. Kuhn) zwingend und er hatte für das Weltverständnis tiefgreifende Konsequenzen, die hier nicht ausgeführt werden, sondern nur im Blick auf unser Thema angedeutet werden können. Das nun in der Quantenphysik geltende Paradigma erlaubt es uns nicht mehr, die »physikalischen Objekte« mit einfachen Bildern zu verbinden. Durch den naturwissenschaftlichen Erkenntnisprozess selbst wurde die Frage aufgeworfen, was unter Realität zu verstehen sei. Der Physiker Werner Heisenberg verdeutlichte den Umbruch so: Früher sah sich der Mensch der Natur gegenüber und er konnte noch die kleinsten Bausteine der Materie als die letzte objektive Realität verstehen. Das verbietet sich im neuen Paradigma. Letzte Realität lässt sich im Sinne von Objekten überhaupt nicht mehr festmachen. Das Wort »Materie« als das, was Bestand hat, hat seinen Sinn verloren. Die Quantenphysik hat die Materie »entdinglicht« und erfasst diese nur noch als Phänomene mathematischen Charakters. Gegenstand naturwissenschaftlicher Forschung ist nicht mehr »die Natur an sich« und sind nicht mehr die einzelnen Objekte in ihr. Naturwissenschaftliche Forschung befasst sich mit den Antworten auf Fragen, die Menschen an Erscheinungen stellen, d. h. mit einer der menschlichen Fragestellung ausgesetzten Natur. Heisenberg fasste das in der Feststellung zusammen, »dass zum ersten Mal im Laufe der Geschichte der Mensch auf dieser Erde nur noch sich selbst gegenübersteht« (Heisenberg 1955, 17) und nicht mehr einer Natur und ihren Objekten. »Die mathematischen Formeln bilden dabei ... nicht mehr die Natur, sondern unsere Kenntnis von Natur ab.« Sie repräsentieren nicht Natur, sondern lediglich das »Bild unserer Beziehungen zur Natur« (Heisenberg 1955, 21), wobei »Bild« nicht mehr im Sinne von konkreten Objektvorstellungen zu verstehen ist. Das Objekt als eine fassbare Größe, die zugleich als handlungsfähiges Subjekt gesehen werden könnte, existiert im neuen Paradigma nicht mehr. Damit hat das Weltverständnis der Naturwissenschaft unser anthropologisch angestammtes subjektivisches Deutungsmuster hinter sich gelassen. Das bedeutet nicht, dass alle Naturwissenschaftler diesen Schritt getan haben. Wer nicht gelernt hat, in abstrakten mathematischen Formeln zu denken, wird Natur und ihre Erscheinungen weiterhin im Sinne von objektiven Realitäten verstehen und diese nach dem subjektivischen Schema wirken sehen. Vorstellungen von einer sich selbst organisierenden Materie mit vielen bekannten oder geheimnisvollen Agenzien kennzeichnen das Weltverständnis derer, die dem griechischen Begriffsmonismus und dem theistischen Monismus des Christentums verhaftet sind. Der Agnostiker wird – sei es aus Einsicht, sei es aus Bequemlichkeit – bei dem 1872 formulierten Bekenntnis des Physiologen Emil du Bois-Reymonds bleiben: »*ignoramus, ignorabimus* – Wir wissen es nicht, wir werden es nicht wissen.«

6.5 Transzendenz

Transzendenz ist ursprünglich ein Begriff der Philosophie. Er wurde bereits in der frühen Kirche mit der Vorstellung eines jenseitigen Gottes verwoben und rückte damit in die religiöse Sprachwelt ein. Im Allgemeinbewusstsein steht Transzendenz für das Jenseitige, was auch immer darunter verstanden wird.

6.5.1 Zum Wortverständnis

Was mit »Transzendenz« oder »transzendent« gemeint ist, lässt sich nur innerhalb jenes Systems ermitteln, in dem diese Begriffe verwendet werden. Die Übersetzung des lateinischen »*transcendere*« mit »überschreiten/hinübersteigen« sagt erst dann etwas, wenn genannt wird, was in welcher Weise woraufhin überstiegen oder überschritten wird. Dem erkenntniskritischen Strang des Transzendenzbegriffs müssen wir hier nicht nachgehen. Ist im Zusammenhang mit Religion von Transzendenz die Rede, so geht es um die ontologische Zweiteilung der Welt in Diesseits und Jenseits oder in Immanenz und Transzendenz, um das Gegenüber einer erfahrbaren materiellen Welt und einer außerweltlichen, übernatürlichen, übersinnlichen Welt, die in theistischen Weltverständnissen als der Bereich des Göttlichen oder der Götter verstanden wird. Religion wird vielfach als das Verhältnis des Menschen zum Transzendenten definiert und Religiosität als Umgang mit diesem Transzendenten beschrieben. Was mit »Transzendenz« jeweils gemeint ist, soll hier an einigen Beispielen verdeutlicht werden.

6.5.2 Transzendenz im vortheistischen Weltverständnis

Im Weltverständnis der Magie, des Fetischismus, Totemismus, Animatismus (Dynamismus) und Animismus sind die handelnden Kräfte *in* jenen Objekten, von denen Wirkungen ausgehen. Die Agenzien sind unsichtbar, gehören aber diesen Objekten und damit der Welt an. Ihre Transzendenz ist den natürlichen Objekten immanent, denn so etwas wie eine übernatürliche Welt ist noch nicht im Horizont.

6.5.3 Transzendenz im polytheistischen Weltverständnis

Die Personifizierung der in, hinter und durch materielle Objekte wirkenden Mächte zeigt sich bereits im Übergang vom dynamistischen zum dämonistischen Weltverständnis und entfaltet sich konsequent in den Varianten des Polytheismus. Die Götter der

Griechen waren zwar mit übernatürlichen Kräften ausgestattet; durch ihre Bindung an Stätte und Heiligtümer blieben sie aber in einem weltimmanenten Sinn transzendent. Ihr Mehr gegenüber der natürlichen Welt liegt noch innerhalb dieser Welt. Selbst die Götter, die auf dem Olymp wohnten, lebten innerhalb der bekannten Welt.

Auch die ägyptischen Götter waren orts- und weltgebunden, d. h. ohne räumliche Transzendenz. Zwar bahnte sich hier bereits der Gedanke an, dass die vielen konkreten Götter nur eine einzige göttliche Macht verkörpern, für die ein Hauptgott oder ein Schöpfergott stehen kann. Doch selbst Atum, der chthonische Urgott und die Personifikation des urzeitlichen Chaos, und der Sonnengott Aton, der um 1350 v. Chr. für kurze Zeit einen nahezu monotheistischen Rang einnahm, stehen dem Kosmos nicht gegenüber, sondern sind ihm immanent. Mit dem Urgott verband sich aber bereits der Gedanke eines Ursprungs, der sich aus sich selbst erzeugt und darin den *regressus ad infinitum*, die unabschließbare logische Rückfrage nach dem Ursprung des Ursprungs, zur Ruhe kommen lässt.

6.5.4 Transzendenz im monotheistischen Weltverständnis

Der monotheistisch verstandene Schöpfergott auf der Reflexionshöhe der Schöpfungsgeschichte von Genesis 1,1ff, dem ersten Schöpfungsbericht, ist auch personhaft, aber nicht mehr substanziell gedacht wie noch in 1. Mose 2.4ff. Es kann offen bleiben, ob in Genesis 1 bereits von einer Schöpfung aus dem Nichts die Rede ist. Fest steht, dass sich der Schöpfungsgedanke im jüdischen und im christlichen Denken in diese Richtung ausgeformt hat. In der Sicht einer »Schöpfung durch das Wort« drückt sich zweierlei aus. Zum einen der Abschied von der Vorstellung, dass ein Gott als Person durch sein körperliches Tun Schöpfung generiert. Zum anderen wird mit dem von Gott ausgehenden handlungsmächtigen Wort das Gegenüber von Welt und Gott im Sinne zweier Sphären verdeutlicht und Gott gekennzeichnet als das Andere gegenüber und außerhalb von allem, was Welt und Kosmos ist.

6.5.5 Transzendenz in der Philosophie

Seinen Ursprung und seine Heimat hat der Begriff »Transzendenz« in der Philosophie. In seinem philosophischen Konzept nannte Platon die Ideen im Gegenüber zu den Dingen »transzendent«. Dem liegt die Vorstellung zugrunde, dass die Welt zweigeteilt ist. Auf der einen Seite sind die immateriellen und die immer mit sich selbst identisch bleibenden Ideen als das allein und wirklich Seiende; auf der anderen Seite sind die sich wandelnden materiellen Dinge, die Platon als die unvollkommenen Abbilder der Ideen verstand. Aus der Sicht des irdisch Seienden, zu dem auch der Mensch gehört, sind die Ideen, die für das Göttliche stehen, in doppelter Hinsicht transzendent: Sie liegen außerhalb des menschlichen Erfahrungsbereichs und sie haben eine Seinsweise jenseits von allen irdisch Seienden. Der platonische Transzendenzbegriff ist erst über die Varianten im Neuplatonismus in die christliche Theologie gekommen und darin für das christliche Gottesverständnis prägend geworden.

6.6 Religiöse Transzendenzvorstellungen und theistische Modelle entstehen und zerfallen miteinander

6.6.1 Religiöse Anschauungsmodelle wandeln sich

Die aus den Bedingungen des Menschseins hervorgehende Religion und Religiosität hat es mit den elementaren Lebensfragen unseres Menschseins zu tun. Die Fragen nach Woher und Wohin, nach Sinn und Ziel und Verhalten haben Menschen stets im Rahmen und in den Anschauungsformen beantwortet, die ihnen in ihrer Kultur und Sprache zur Verfügung standen, nämlich in magischen, dynamistischen, animistischen, dämonistischen, polytheistischen, monotheistischen und monistischen Anschauungsmodellen. Aus dieser praktizierten Vielfalt ergibt sich, dass die elementaren Lebensfragen in unterschiedlichen Formen bearbeitet und geklärt werden können. Aus der gut erforschten Zeit des Hellenismus (4. Jh. v. Chr. bis 6. Jh n. Chr.) wissen wir, dass innerhalb der Kulturen religiöse Anschauungsformen durch andere überlagert, verdrängt oder ersetzt werden können, ohne dass die notwendige Auseinandersetzung mit den urmenschlichen Lebensfragen generell gefährdet wäre.

Im jüdisch-christlichen Kulturraum hat sich das Weltmodell des Monotheismus durchgesetzt und sich mehr als zwei Jahrtausende als plausibel und dominant gehalten. Das ist entwicklungsgeschichtlich gesehen zwar nur ein zeitlicher Bruchteil der Menschheitsgeschichte, aber angesichts des historischen Wandels in diesem Zeitraum eine doch sehr lange Zeit. Die derzeitigen Generationen sind Zeugen und Mitspieler in einem Prozess, in dem das monotheistische Anschauungsmodell seine bisherige Selbstverständlichkeit und Akzeptanz und seine Plausibilität in dramatischer Weise verliert. Von den Gründen war die Rede.

6.6.2 Wandlungen werden als Krisen erlebt

Wandlungen von Denkmustern, Anschauungsformen, Werten und Ordnungen werden besonders im religiösen Bereich von vielen Menschen, die darin aufgewachsen und zuhause sind, als Krisen und als bedrohlich erlebt. Weil hier das unerschütterlich Gültige einen Höchstwert darstellt, vermittelt jede Veränderung den Eindruck, dass nicht nur der Himmel einstürzt, sondern sich auch die Grundfesten unseres Lebens auflösen. Dieses schwindelerregende Gefühl des schwankenden Grundes veranlasst die einen dazu, den nicht mehr tragfähigen Boden zu verlassen, und die anderen, sich in einer sicheren Trutzburg zu verbarrikadieren und sich noch enger zusammenzuschließen. Der Wandel der Anschauungsformen wird von diesen als Angriff auf ihre Identität erlebt und von jenen als eine Entlassung in eine unverbindliche Freiheit wahrgenommen, mit der man als Einzelne und Einzelner freilich nichts Rechtes anzufangen weiß. Das Ende einer religiösen Anschauungsform ist freilich nicht das Ende einer Religion oder von Religion überhaupt. Das wird noch zu entfalten sein.

6.6.3 Signale und Chancen der Krise

Religiöse Krisen sind Krisen ihrer Anschauungsformen und Ausdrucksformen. So bringt die Krise zu Bewusstsein, dass die Ausdrucksformen der Religion nicht mit deren Gehalt identifiziert werden dürfen, sondern dass zwischen beiden unterschieden werden muss. Konkret: Der Monotheismus als Ausdrucksform des christlichen Glaubens mag seine Plausibilität verlieren oder schon verloren haben; die menschlichen Urfragen bleiben.

Das monotheistische Denkmodell hat bei der Mehrheit in unserem Kulturraum nicht mehr die Kraft, die christliche Botschaft als verständlichen Ausdruck und als Antwort auf die menschlichen Urfragen zum Ausdruck zu bringen. Das mag man bedauern, muss es aber endlich ernst und zur Kenntnis nehmen. Den christlichen Kirchen wird durch diese Krise die Chance geradezu aufgenötigt, nach Denkformen und einer Sprache zu suchen, mit denen die Botschaft Jesu der Mehrheit der Zeitgenossen wieder vermittelt und zugänglich gemacht werden kann. Das ist freilich nicht mehr Gegenstand dieser Untersuchung, wurde aber vom Verfasser (Fischer 2012, 88–149) an Beispielen bereits angedeutet.

Die christliche Religion ist in unserer Region die Religion der Mehrheit, aber nicht mehr im Sinne einer gleichartig praktizierten Lebensform, sondern nur noch in Form abgestuften Teilnahmeverhaltens bis hin zur rein formalen Mitgliedschaft. So gibt es z. B. den Atheisten, der darauf besteht, katholisch zu sein. Religiosität wird daher in ihren unterschiedlichen Formen und Graden in den Blick zu nehmen sein.

Prognosen darüber, wie sich Religion und Religiosität in der Zukunft entwickeln werden, kann keine Wissenschaft abgeben. Umso leichter hatten und haben es Wunschvorstellungen, die mit monokausalen Begründungen in das Gewand von Prognosen schlüpfen. Die Geschichte liefert uns dazu reichlich Beispiele. Der englische Theologe Thomas Woolston († 1733) hatte vorausgesagt, dass das Christentum innerhalb der nächsten zweieinhalb Jahrhunderte aussterben werde. Der Schriftsteller Lawrence Sterne gab 1760/67 in einem Roman dem Christentum gerade noch ein halbes Jahrhundert. Ende des 19. Jahrhunderts, als das Christentum nach diesen Prognosen längst hätte ausgestorben sein müssen, waren sich Soziologen, Philosophen und Geisteswissenschaftler darin einig, dass nicht nur das Christentum, sondern die Religion generell durch den Prozess der Säkularisierung innerhalb kurzer Zeit und weltweit der Boden entzogen sein würde. Die Analysen, die diesen Prognosen zugrunde lagen, haben für die Situation in Europa einiges richtig erkannt, wenn auch vieles ausgeblendet. In Europa befinden sich Religion und Christentum in der Tat in einem Wandlungsprozess. Aber von einem Ende der Religion kann auch hier keine Rede sein. Weltweit steigt sogar der prozentuale Anteil der Christen und auch der Muslime an der Weltbevölkerung. Der genaue Blick auf die Situation in Europa wird Gegenstand dieses Kapitels sein. Dabei wird es nicht um Prognosen gehen, die etwas ankündigen, sondern lediglich um Tendenzen, die sich gegenwärtig abzeichnen.

7.1 Dimensionen von Religion

7.1.1 Was »Religion« meint

Meine Erwägungen sind nicht religionswissenschaftlich motiviert, sondern von der Frage geleitet, wie und wohin sich die im deutschsprachigen Raum vorherrschende christliche Religion in einem multireligiösen Kontext tendenziell entwickelt. Da bei uns christliche Religion in unterschiedlichen Formen organisiert und als Lebenspraxis gegenwärtig ist, muss der Sammelbegriff »Religion« auf seine vielen Erscheinungsformen hin angesehen werden. Die im Christentum übliche Organisationsform von Religion ist daraufhin zu betrachten, wie sie als Glaubensgemeinschaft, als Kultgemeinschaft, als moralische Instanz, als gesellschaftliche Größe u. a. m. angenommen und wahrgenommen wird.

Glaube, in der westlichen Welt vor allem als Zustimmung von kirchlich vorgegebenen Inhalten verstanden, ist auf seine unterschiedlichen Felder hin zu befragen. So geht es um das Verständnis von Gott, von Jesus, von Welt, von Lebenssinn, von Moral, von Jenseits und Ewigkeit.

Religiosität wird messbar nur im Verhältnis zu den Standards einer Bezugsgröße, wie der eigenen Kirche oder anderer Religionen. Deshalb wird zwischen kirchlich gebundener und privater Religiosität zu unterscheiden sein und zwischen konventionellen und alternativen Formen. Häufigkeit des Gottesdienstbesuches wäre z. B. eine kirchengebundene konventionelle Form.

Spiritualität versteht sich selbst als eine religiöse Transzendenzerfahrung eigener Art und zwar zumeist im Gefüge einer individuellen oder modischen Patchwork-Religion, die als feste Bezugsgröße kaum zu fassen ist. Im deutschsprachigen Raum wird sie oft recht vage »als etwas verstanden, das sich von der (meist kirchlich definierten) Religion unterscheidet« (Knoblauch 734) und darin vermisst wird. Sie kann auch als private Praxis von Gebet und Meditation verstanden werden, die im Rahmen oder außerhalb einer vorgegebenen Religion ausgeübt wird.

Religion wird oft mit Religiosität oder mit Konfession gleichgesetzt, meint aber als historische Religion die Gesamterscheinung eines religiösen Konzepts und generell das Phänomen des Religiösen.

7.1.2 Die Beschränkung auf die deutschsprachigen Regionen in Europa

Der Religionsmonitor 2008, der sich auf 21 000 Interviews in 21 Ländern unterschiedlicher Kulturen stützt, hat in seiner Bestandsaufnahme eindrücklich dokumentiert, wie extrem unterschiedlich sich Religion und Religiosität in den einzelnen Kulturen und Völkern gegenwärtig zeigen. Wenn auch viele ökonomische, politische und ideologische Entwicklungen weltweit wirksam sind, so treffen sie doch auf unterschiedliche religiöse Vorgaben und soziale Strukturen, in denen sie in unterschiedlicher Weise wirken.

Die folgenden Erwägungen konzentrieren sich auf die deutschsprachigen Regionen in Europa. Sie nehmen zum anderen vor allem die Entwicklung des Christentums als der hier vorherrschenden Religion in den Blick.

7.1.3 Die Beschränkung auf Tendenzen

Kulturelle und gesellschaftliche Entwicklungen, an denen auch die Religion teilnimmt, sind kaum prognostizierbar. Die Jugendrevolte der 1960-er Jahre, die New-Age-Bewegung, die friedliche Revolution in der DDR, das Signal des 11. September 2001 und seine weltweiten Folgen waren in keiner Prognose vorgesehen. Die Wettkämpfe zwischen den Grabgesängen und den Auferstehungshymnen der Religion spiegeln nicht die Realität, sondern nur die Wünsche von modernen Heils- oder Unheilspropheten wider. Es geht auch nicht um Untergang oder Wiederkehr der Religion. Die Frage kann nur sein, in welche Richtung sich Religion und Religiosität im Kontext gesellschaftlicher Entwicklungen verändern. Selbst Aussagen über Tendenzen können keine unvorhersehbaren Ereignisse enthalten. Luther, die Idee von Papst Johannes XXIII für ein Konzil und die Expansion der Pfingstbewegung waren auch nicht vorhersehbar. Dennoch, das Erkennen von Tendenzen bedeutet nicht nichts, weil man auf Entwicklungstendenzen reagieren kann – sofern man sie zur Kenntnis und ernst nimmt.

7.2 Die Kirche als religiöse Größe

7.2.1 Was die Entwicklung der Mitgliederzahlen sagt

Religion wird in Europa vor allem in Gestalt von Kirchen als Großorganisationen öffentlich wahrgenommen, die durch ihre Agenturen (Gemeinden) und andere Einrichtungen allerorten gegenwärtig ist. Die institutionell gestützte kirchliche Religiosität ist besonders charakteristisch für den römischen Katholizismus, wie er sich nach der Reformation als Hort der religiösen Wahrheit und nach der französischen Revolution als Bollwerk gegen den säkularen Modernismus herausgebildet hat. Erst mit dem Zweiten Vatikanischen Konzil (1962–65) ist im europäischen Katholizismus die Wagenburgmentalität aufgebrochen worden. Bei Protestanten spielt die Kirchenbindung eine weitaus geringere Rolle als bei den Katholiken.

In der katholischen Kirche wie in den evangelischen Kirchen ist seit 1950 die Zahl der Mitglieder kontinuierlich zurückgegangen. Gehörten 1950 noch 96 % der deutschen Bevölkerung einer christlichen Kirche an, so sind es gegenwärtig nur noch etwa 60 %. Dieser prozentuale Rückgang der Kirchenmitglieder ist nur zum Teil auf die nichtchristlichen Zuwanderer zurückzuführen. Zwar in Wellen, aber doch anhaltend, ist seit den späten 1960-er Jahren ein Trend zum Kirchenaustritt und zur Distanzierung von kirchlichen Institutionen festzustellen. Von 1990 bis Ende 2008 sind 2,47 Millionen Menschen aus der römisch-katholischen Kirche und 3,8 Millionen aus den evangelischen Kirchen ausgetreten. Das sind etwa 350 000 Austritte pro Jahr. Die Austrittszahlen sind in der römisch-katholischen Kirche seit der öffentlichen Debatte der Missbrauchsskandale erheblich angestiegen.

Kirchenaustritte können unterschiedliche Anlässe haben: Einsparen der Kirchensteuer, Widerspruch gegen Äußerungen der Kirche, Ärger mit kirchlichen Vertretern, persönliche Enttäuschungen, innere Entfremdung, religiöse Gleichgültigkeit u. a. Kirchenaustritt muss aber nicht Ablehnung des christlichen Glaubens bedeuten, sondern kann gerade Widerspruch gegen ein kirchliches »Christentum light« sein. Umgekehrt muss Kirchenmitgliedschaft nicht Identifikation mit der Kirche ausdrücken. Wie es ein »believing without belonging« gibt, so gibt es auch ein »belonging without believing«.

Obwohl Zahlen zur Mitgliedschaft und zum Austritt aus der Kirche über das Verhältnis des Einzelnen zu seiner Kirche wenig aussagen, so signalisieren die sinkenden Mitgliederzahlen doch sehr deutlich eine Entfremdung der Menschen von den Kirchen als Institutionen. Eine Befragung von 350 000 Personen in Deutschland zum Vertrauen in gesellschaftliche Großinstitutionen ergab 2002, dass dem ADAC, der Polizei, den Umweltschutzorganisationen und den privaten Krankenversicherungen weitaus mehr Vertrauen geschenkt wird als den christlichen Kirchen. Dennoch spielen Stimmen der Kirchen oder Äußerungen ihrer Spitzenvertreter in der öffentlichen Diskussion eine bemerkenswerte Rolle. Was hohe Kirchenvertreter sagen, hat immer noch hohen Amtsbonus. Einzelne Bischöfe und Bischöfinnen im Amt oder bereits außer Dienst, genießen in den Medien Star-Status. Aber nur 17–20 % der Katholiken und nur wenig mehr Protestanten halten ihre Kirche für vertrauenswürdige Institutionen (Graf 2011, 8).

7.2.2 Was die Zahl der Gottesdienstbesucher sagt

Der Gottesdienstbesuch gilt als Ausdruck für Kirchlichkeit, d. h. für die Verbundenheit mit der eigenen Kirche. In der römisch-katholischen Kirche ist der Besuch des Sonntagsgottesdienstes ein zentrales Kirchengebot und für alle Katholikinnen und Katholiken Pflicht. Nach Michael N. Ebertz kamen 1950 noch mehr als die Hälfte der Katholiken dieser Pflicht nach. 2008 waren es nur noch 14,2 % und bei den 16- bis 29-Jährigen weniger als 10 %. Der Zahl der Gottesdienstbesucherinnen und -besucher sinkt weiterhin, besonders bei der jüngeren Generation.

Im Protestantismus spielt der sonntägliche Gottesdienstbesuch eine weitaus geringere Rolle. Er ist auch hier kontinuierlich auf gegenwärtig etwa 4 % zurückgegangen. Das ist zu einem Teil auf tiefgreifende Veränderungen im Wochenend-Verhalten und auf ein zunehmendes Unterhaltungsangebot zurückzuführen, bedeutet aber faktisch eine Lockerung des Verhältnisses zur Kirche als Institution. Abnehmende Kirchlichkeit darf hingegen nicht mit abnehmender Religiosität gleichgesetzt werden. Darauf wird noch einzugehen sein.

7.2.3 Die Kirche als Ritengemeinschaft

Aus volkstümlicher Sicht werden die christlichen Konfessionen und auch die Religionen anhand ihrer charakteristischen Riten und an der liturgischen Kleidung ihrer offiziellen Vertreter unterschieden. Katholiken bekreuzigen sich, knien zum Gebet nieder und ihre Priester tragen im Gottesdienst bunte Messgewänder und im Alltag ein Kollar. Protestanten stehen oder sitzen beim Gebet, singen viel im Gottesdienst und ihre Pfarrer tragen im Gottesdienst einen schwarzen Talar mit einem Beffchen oder im Norden mit einer Halskrause.

Religiöse Riten werden bereits in einer vorbewussten Phase erlernt. Sie setzen die Normen für kultisches Verhalten und verbinden insofern mit der Institution Kirche und mit der Kultgemeinschaft. Sie sind als tief verankerte Gesten auch dort noch präsent und verfügbar, wo die Verbindung zur Institution oder Glaubensgemeinschaft sich gelockert hat oder verloren gegangen ist und sie bilden die letzte formale Brücke zu einer manchmal schon weit entfernten oder gar verlorenen religiösen Heimat. Die rituelle Geste als solche überlebt hingegen oftmals ihren religiösen Sinn. Riten, Ritus und Kult haben in den christlichen Konfessionen unterschiedlichen Stellenwert.

7.2.4 Die Kirche als Weltanschauungsgemeinschaft

Die christlichen Kirchen sind in ihrem Selbstverständnis Gemeinschaften gleichen Weltverständnisses. Katholikinnen und Katholiken sind auf die Dogmen und auf die Heilsangebote ihrer Kirche verpflichtet. Protestanten sehen ihr Weltverständnis in der Bibel begründet und in den Bekenntnissen ihrer Kirche historisch gebunden formuliert. Zum Weltverständnis gehören auch das Verständnis von Gott, vom Menschen und von dessen Heil. Diese Grundverständnisse werden regelmäßig in den Gottesdiensten vermittelt und öffentlich befestigt. Mit dem nachlassenden Gottesdienstbesuch wird dieser wesentliche Kommunikationsweg zunehmend seltener genutzt. Das schlägt sich in Umfragen nieder, die ermittelt haben, dass die kirchenspezifischen Verständnisse von Gott, Welt und Mensch nur noch zu einem geringen Teil bei den Kirchenmitgliedern Zustimmung finden. Die Zustimmung zu jenem spezifischen Gottesverständnis, wonach ein Gott, als Person vorgestellt, die Welt erschaffen hat und in das Leben jedes Einzelnen eingreift, ist unter die 20-%-Marke gefallen und liegt bei städtischen Jugendlichen sogar unter 10%. Der rückläufige Besuch des Gottesdienstes und die abnehmende Zustimmung zum kirchlichen Verständnis von Gott, Welt und Mensch sind keineswegs im Sinn einer eingleisigen Ursache-Folge-Wirkung zu sehen. Beide Entwicklungen verstärken einander vielmehr wechselseitig.

7.2.5 Die Kirche als Erzählgemeinschaft

Der Kanon der biblischen Schriften bildete in der jeweiligen Interpretation der Kirchen bis in das 20. Jahrhundert die stabile Basis einer Erzählgemeinschaft. Durch die regelmäßige Begegnung mit den biblischen Geschichten in der Familie, im Gottesdienst, im Unterricht und bei kirchlichen Festen waren die Anschauungsmodelle für christliches Verhalten und kirchliche Denkformen selbst dem Leseunkundigen vertraut. Die jüngeren Generationen erleben sich heute mangels Begegnung mit diesen Texten nicht mehr als Mitglieder dieser Erzählgemeinschaft. Das säkulare Weltverständnis, in das Menschen seit einem Jahrhundert hineinwachsen, unterscheidet sich inzwischen so gravierend von den weltanschaulichen Vorgaben der biblischen Texte, dass diese nur noch als eine Art Märchen verstanden werden und damit als gültige Modelle für normales Denken und Handeln auszufallen beginnen. Die kirchliche Verkündigung geht aber weiterhin von weltanschaulichen Vorgaben aus, die von der Mehrzahl der Kirchenmitglieder nicht mehr geteilt werden. Mit der Auflösung der christlichen Erzählgemeinschaft schwindet die gemeinsame Basis der Verständigung zwischen Tradition und Moderne. Ohne Sprache und Denkformen, die für den neuzeitlich sozialisierten und inkulturierten Zeitgenossen zugänglich und nachvollziehbar sind, reißt der existenzielle Kontakt zu den biblischen Erzählungen und deren Herausforderungen ab.

7.2.6 Die Kirche als Moralinstitution

Die christlichen Kirchen werden von der Öffentlichkeit als Moralinstitutionen wahrgenommen. Je nach der eigenen Position zu den jeweils infrage stehenden Themen wird ihnen von den einen die Autorität und Kompetenz dafür zugesprochen oder abgesprochen. Fraglos ergeben sich aus einem gelebten christlichen Glauben ethische Konsequenzen, freilich nicht im Sinn von moralischen Anweisungen und Urteilen, die Kirchenoberhäupter im Namen ihrer Kirche oder gar Gottes zu erteilen hätten. Die

römisch-katholische Kirche hat die Vorstellung eines Naturrechts aus der antiken griechischen Philosophie übernommen.
Mit der Vorstellung, dass Menschen durch ihre Vernunft Anteile
am ewigen Gesetz haben, gewinnen sie Einsicht in das von Gott
geschaffene Naturgesetz. Für das von Thomas von Aquin in das
kirchliche Lehrgebäude integrierte Naturrecht steht seit dem Ersten Vatikanischen Konzil (1840) das Interpretationsrecht der
christlichen Wahrheit allein der Autorität des kirchlichen Lehr-
amts zu (Konstitution »Pastor aeternus«, 1870, bestätigt von Paul
VI. in »Mysterium eccleasiae«, 1973, in: Denzinger 4530–4541).

Die Gleichsetzung der christlichen Kirche mit einem Moral-
institut und des christlichen Glaubens mit einer Morallehre wird
den Gottesdienstbesuchern in ungezählten Predigten nahegelegt.
Der evangelische Theologe Friedrich Wilhelm Graf beschreibt
das so: »... fortwährend banalisieren prominente Kirchenvertreter das Evangelium zur schlichten Sozialmoral ... Zu Weih-
nachten predigen Deutschlands Bischöfe in ökumenischer
Gemeinsamkeit gern über den Sozialstaat, die Gentechnik, die
Öko-Krise und das Asylrecht ... Im Johannesevangelium wird
die Geburt des Erlösers als Fleischwerdung des Wortes gedeutet.
Für den Kölner Kardinal Joachim Meissner steht Gottes Wort
deshalb ›gegen alle Verabsolutierung des Fleisches in einem un-
gehemmten Sexualismus, Konsumismus und Materialismus‹ ...
Präses Manfred Kock bejammerte als EKD-Ratsvorsitzender die
›Gnadenlosigkeit‹ von Massenarbeitslosigkeit und neuer Ar-
mut.« (Graf 2011, 73f) In dieser »hohlen Appellsprache« sieht
er linke Protestanten und rechte Katholiken vereinigt. Wie
wirkungslos diese moralischen Appelle sind, konnte man 2005
auf dem Kölner Weltjugendtag sehen, wo eine Million junger
Menschen ihrem obersten Moralhüter zujubeln, die Jugendlichen
aber gar nicht daran denken, sich an dessen Sexualmoral zu
halten. Die kirchlichen Moralpredigten tragen selbst dazu bei,
den existenziellen Ernst der Botschaft Jesu zu »platten Alltags-
weisheiten« zu entwerten.

7.2.7 Zur Selbstmarginalisierung der Kirche

Die Präsenz und das Niveau der christlichen Religion hängen auch an deren Repräsentanten und Vermittlern, den Pfarrpersonen. An deren Bewusstsein und Bildungsniveau im Verhältnis zu den Gemeindemitgliedern entscheidet sich, welcher Stellenwert der christlichen Religion in der Gesellschaft zugesprochen wird. Im 18. Jahrhundert waren die protestantischen Pfarrhäuser Zentren der kulturellen Bildung, von denen viele Impulse für die deutsche Literatur und die Kulturwissenschaften ausgingen (vgl. Schlaffer, 54ff). Friedrich Wilhelm Graf stellt fest: »Nach 1850 predigte jeder vierte deutsche Akademiker von einer evangelischen Kanzel. Protestantische Pfarrer übertrafen damals Rechtsanwälte, Oberlehrer und Professoren an Zahl und kulturellem Einfluss.« (Graf 2011, 53) Das änderte sich bereits in der zweiten Hälfte des 19. Jahrhunderts. Als sich viele gesellschaftliche Bereiche wie Wirtschaft, Politik und Wissenschaften verselbstständigten und die gesellschaftlichen Bereiche sich zu differenzieren begannen, verlor die Pfarrerschaft den Kontakt zu ihnen und geriet an den Rand der Gesellschaft. Ihr soziales Ansehen begann zu sinken. »Sie zogen sich in eine berufsständige Subkultur zurück und beschränkten ihre Sozialkontakte nun weitgehend auf die ›Kerngemeinde‹, also jene Kirchenchristen, die Sonntag für Sonntag unter ihren Kanzeln saßen. Zu den vielen distanzierten Christen verloren sie den Kontakt.« (Graf 2011, 54).

Der erschreckende Abstand zwischen der Bewusstseinslage der protestantischen Pfarrerinnen und Pfarrer und der Bevölkerung lässt sich bereits an zwei Umfragewerten verdeutlichen. 1992 glaubten 86 % der befragten Westberliner Pfarrer und 90 % der Ostberliner Pfarrer an einen persönlichen Gott. Von den Berlinern konnte sich kaum noch ein Drittel der Befragten zu einem persönlichen Gott bekennen (Jörns 234). In der Auswertung einer Befragung von 2012 in Hessen stellt der Religionssoziologe Michael N. Ebertz fest: »Das jüdisch-christlich überlieferte personale Gottesbild ist offensichtlich in der breiten Bevölkerung nicht mehr konsensfähig.« (Ebertz 2012, 29) Und wie steht es mit dem in der traditionellen Theologie zentralen Bekenntnis von der Auferweckung von den Toten durch Gott? In der Befragung von 1992 bekennen sich dazu 83 % der Pfarrer in West- und 92 % der Pfarrer in Ostberlin. Von den befragten Berlinern hingegen glauben nur noch um die 20 % an diese Möglichkeit. Um die 40 % rechnen hingegen mit der Unsterblichkeit der Seele (Jörns 258).

In der römisch-katholischen Kirche hatte sich Ende des 19. Jahrhunderts eine Reformbewegung mit dem Ziel gebildet, Leben und Lehre der Kirche mit der zeitgenössischen Kultur und den Wissenschaften in Einklang zu bringen. Diese Reformbewegung, deren Vertreter als »Modernisten« und als »Sammelbecken aller Häresien« diffamiert wurden, unterband Papst Pius X. 1907 mit einem Syllabus der 65 Irrlehren und sicherte die kirchliche Lehre 1910 mit einem Antimodernisteneid ab, den alle in Seelsorge und Lehre tätigen Geistlichen bei Strafe der Amtsenthebung zu leisten hatten. Der Antimodernisteneid wurde 1967 vom Heiligen Offizium, der Vorgängereinrichtung der heutigen Glaubenskongregation, 1989 durch einen «Glaubenseid», die *profession fidei*, ersetzt (AAS 81, 104–106). Dessen Eidesformeln sind 1998 dem Glaubensbekenntnis angefügt worden. Sie müssen von jedem, der ein kirchliches Amt übernimmt, gesprochen werden und lauten: »Fest glaube ich auch alles, was im geschriebenen oder überlieferten Wort Gottes enthalten ist und von der Kirche als von Gott geoffenbart zu glauben vorgelegt wird, sei es durch feierliches Urteil, sei es durch das ordentliche und allgemeine Lehramt. ... Ausserdem hange ich mit religiösem Gehorsam des Willens und Verstandes den Lehren an, die der Papst oder das Bischofskollegium vorlegen, wenn sie ihr authentisches Lehramt ausüben, auch wenn sie nicht beabsichtigen, diese in einem endgültigen Akt zu verkünden.« (Deutsche Übersetzung in: AAS 90). Damit werden alle Amtsträger der römisch-katholischen Kirche auf die in den Dogmen festgelegten traditionellen Denkformen verpflichtet.

Da die gebildeten Katholikinnen und Katholiken sich in ihrem Verständnis von Gott, Welt und Mensch gegenwärtig kaum von den Protestanten unterscheiden, besteht in beiden Kirchen das Problem, dass die Amtsträger in ihren Verlautbarungen, Predigten und Gottesdiensten von weltanschaulichen Voraussetzungen ausgehen und von dort her argumentieren, die ihre Hörerinnen und Hörer mehrheitlich nicht mehr teilen. Damit läuft die inhaltliche Kommunikation ins Leere. Die in den letzten Jahre geradezu »abgestürzten« Prozentzahlen der Gottesdienstbesucher sind das Indiz für eine Kommunikation, die sich selbst außer Kraft setzt.

Obwohl der Beruf des evangelischen Pfarrers in der Allensbacher Berufsprestige-Skala von 2008 nach dem Beruf des Arztes an zweiter Stelle stand und geachtet wird, erwarten durchschnittliche Zeitgenossen wegen der Diskrepanz und der Vorgaben von Pfarrpersonen keine persönliche Klärung in Glaubensfragen mehr. Gemeindliche Bildungsveranstaltungen werden nur selten angeboten und von der Mehrzahl wegen absehbarer Kommunikationsbarrieren noch seltener angenommen. Die traditionelle Art der Verkündigung trägt zu ihrer eigenen Marginalisierung mehr bei als alle antireligiöse Propaganda. Friedrich Wilhelm Graf diagnostiziert in der evangelischen Kirche »vielfältige Tendenzen der Trivialisierung und Infantilisierung der christlichen Freiheitsbotschaft« (Graf 2011, 37) und den Trend zu einem Stil der Kommunikation, der sich primär an Kinder und an andere vermeintlich Unmündige richtet. Thomasmessen und Gottesdienste mit Happening-Charakter verstärken die Banalisierung und Trivialisierung der Botschaft Jesu. Viele Katholikinnen und Katholiken ordnen die Predigten ihrer Priester resigniert dem Niveau von Krabbelmessen zu. Immer noch sind aber hohe Erwartungen an die Kirchen und ihre Amtsträger da. Wie lange lassen sich diese Erwartungen enttäuschen?

7.3 Dimensionen der Religiosität

7.3.1 Was Religiosität meint

Als Religiosität bezeichnen wir das Verhältnis des oder der Einzelnen zu einer vorgegebenen Religion oder zu seinem Verständnis von Religion. Religiosität ist die subjektive Seite von Religion als der kognitiven und lebenspraktischen Auseinandersetzung mit der uns begegnenden Wirklichkeit als Ganzer. In monoreligiösen Kulturen, zu denen auch in Europa die konfessionell geschlossenen Gebiete zählten, lässt sich der Grad von Religiosität an den Ausdrucksformen der vorgegebenen Religion messen. In multireligiösen Kulturen, zu denen heute die meisten europäischen Staaten gehören, lässt sich nur ermitteln, in welchen möglichen Dimensionen und Intensitätsfragen, in welchen Mischformen und mit welchen Schwerpunkten Religiosität gelebt wird. Da es keine vergleichbaren Langzeitstudien dazu gibt, können über den Ist-Bestand hinaus Tendenzen nur vorsichtig erschlossen werden. Die Dimensionen, in denen sich Religiosität zeigt, sollen nacheinander betrachtet und auf Tendenzen hin befragt werden.

7.3.2 Die kognitive Dimension

Die kognitive Dimension des Religiösen ist ein »evolutionärer Spätling« und spielt auch heute in vielen Religionen eine nur untergeordnete Rolle. Nicht so in der westlichen Welt und im Bereich des Christentums.

Religiosität als Zustimmungsglaube. Nach römisch-katholischer Kirchenlehre ist der Glaube »freie Zustimmung zu der ganzen von Gott geoffenbarten Wahrheit« (KKK 150). »In ihm liegt eine Zustimmung des Verstandes und des Willens zur Selbstoffenbarung Gottes in seinen Taten und Worten« (KKK 176). »Wir glauben alles, was im geschriebenen oder überlieferten Wort Gottes enthalten ist und was die Kirche als von Gott geoffenbarte Wahrheit zu glauben vorlegt« (KKK 182).

Gegen diesen kognitiven Zustimmungsglauben haben die Reformatoren den Glauben als Vertrauensakt ins Zentrum gestellt. In diesem Glaubensverständnis geht es nicht um zustimmungspflichtige Anschauungen über Gott, Welt und Menschen, sondern um das Wagnis jenes Lebensweges, den Jesus als den Weg einer sich schenkenden Liebe eröffnet hat. Obwohl die Glaubensbekenntnisse der alten Kirche, die heute in den Gottesdiensten gesprochen werden, als Symbola und nicht als Faktenaussagen verstanden werden, verleiten sie auch viele Protestanten dazu, Glaube als abfragbares Zustimmungswissen zu verstehen.

In den religionssoziologischen Umfragen werden die Elemente des Zustimmungsglaubens ermittelt und als Messwerte für den christlichen Glauben verstanden. In diesem Bereich gelten vor allem der Glaube an Gott und an ein Leben nach dem Tod als Indikatoren für die Religiosität.

Welcher Gottesglaube? Die Antworten auf die Frage nach dem **Gottesglauben** haben nur einen geringen Aussagewert, da die Befragten unter »Gott« recht Unterschiedliches verstehen können. Erst eine inhaltsbezogene Nachfrage zeigt, was die Antwort meint. Die folgenden Prozentwerte beziehen sich, wenn nicht anders angegeben, auf Österreich – A, Schweiz – CH und Deutschland – D. Die westlichen Bundesländer werden mit D (W) und die neuen östlichen mit D (O) bezeichnet. Nach dem Religionsmonitor 2008 glauben Menschen an Gott, und zwar vorgestellt als

	A	CH	D
	bei sehr und ziemlich Religiösen	bei den mittel Religiösen	bei den wenig bis Nichtreligiösen
höhere Macht	82 %	57 %	12 %
durchströmende Energie	76%	45%	13%

höchster Wert	74%	45%	12%
Person, zu der man sprechen kann	74%	45%	12%
ewiges Gesetz	69%	45%	12%
Natur	68%	41%	38%
Gott, der sich mit der Welt und mit mir befasst	66%	37%	6%
Gott, der etwas mitteilen will	40%	11%	3%
Gott, der in das Leben eingreift	35%	9%	2%
Gott, der mit allem eins ist	26%	15%	8%

Quelle: AKR 363

Prozentwerte für die Gesamtbevölkerung ergeben sich erst, wenn man die Anteile der Gruppen beachtet, die sich selbst als *sehr und ziemlich* religiös, als in *mittlerem Mass* religiös und als *wenig bis nicht* religiös einschätzen. Danach sind

	A	CH	D	D (W)	D (O)
sehr und ziemlich religiös	23%	20%	15%	17%	4%
in mittlerm Mass religiös	37%	36%	355	40%	16%
wenig bis nicht religiös	39%	41%	50%	42%	79%

Quelle: AKR 352

Etwa 70% der Befragten geben an, an einen Gott zu glauben. Dieser Wert ist aber deshalb irreführend, weil er über die Zustimmung zu dem *christlichen* Gottesverständnis nichts aussagt. Fragt man nämlich gemäß der traditionellen christlichen Gottesvorstellung nach einem Gott, der als Person vorzustellen ist, so liegt die Zustimmung unter 20% und bei der Frage nach einem Gott, der in das persönliches Leben eingreift und dem jeder dafür Rechenschaft schuldet, sinken die Zustimmungswerte je nach Region sogar unter 10%.

Der ungebundene Gottesglaube. In Europa gilt seit nahezu zwei Jahrtausenden die Vorstellung eines einzigen, als Person vorgestellten Gottes, der die Welt geschaffen hat und sie regiert, als die plausibelste und unbefragbare Ausdrucksform für die Wirklichkeit, der wir ausgesetzt sind, über die wir aber nicht verfügen. Diese monotheistische Anschauungsform für das uns nicht verfügbare Andere ist seit dem späten 17. Jahrhundert in den Konzepten des Deismus, des Pantheismus, des Panentheismus bereits aufgelöst worden. Seit dem 19. Jahrhundert sind der christliche Monotheismus und der Theismus generell massiv in die Kritik geraten und durch naturalistische Weltverständnisse und apersonale Bilder wie »höchste Macht«, »Energie«, »ewiges Weltgesetz« oder schlicht »Natur« ersetzt worden. In der sich zunehmend multireligiös entwickelnden Gesellschaft ab Mitte des 20. Jahrhunderts haben vor allem ein popularisierter Buddhismus und Dutzende von neureligiösen und esoterischen Strömungen das Angebot für einen Gottesersatz ergänzt.

Um die 80% der Europäer geben an, gegenüber allen Religionen offen zu sein und sehen in jeder Religion einen wahren Kern, und zwar in Österreich 71%, in der Schweiz 76%, in Westdeutschland 69% in Ostdeutschland 57% (AKR 418). Auf Lehren anderer Religionen greifen zurück und basteln sich daraus ihr eigenes Verständnis von Gott, Welt und Mensch in Österreich 27%, in der Schweiz 31%, in Deutschland 19% (AKR 421). Dieser Patchwork-Glaube nimmt in dem Maße zu, in welchem die Intensität der religiösen Sozialisierung und der Gottesdienstbesuch abnehmen. Von 1939 bis 1989 hat die religiöse Sozialisation wie folgt abgenommen: in A von 85% auf 58%, in CH von 77% auf 50%, in Westdeutschland von 87% auf 50%, in Ostdeutschland von 60% auf 22% (AKR 426). Die Gottesdienstbesuche sind von 1950 bis 2008 noch dramatischer zurückgegangen: in D bei den Katholiken von mehr als 50% bis auf 14,2% und bei 16- bis 29-Jährigen auf unter 10%, bei den Protestanten bis auf 4%. Daraus ist zu erschließen, dass der Patchwork-Glaube gegenüber dem traditionellen Zustimmungsglauben bei denen tendenziell zunehmen wird, die sich überhaupt mit religiösen Fragen geistig befassen.

Leben nach dem Tod. Als zweiter Indikator in der kognitiven Dimension von Religiosität gilt die persönliche Einstellung zu einem Leben nach dem Tod. Im Christentum wird das in der Vorstellung von der Auferstehung von den Toten zum Ausdruck gebracht. Diese Vorstellung findet sich in der iranischen Religion des Zoroaster. Sie wurde vom Judentum im Laufe des 2. Jahrhunderts v. Chr. aufgenommen, und zwar als Voraussetzung für das Endgericht. Zur Zeit Jesu gehörte die Auferstehung von den Toten zum festen Bestandteil des jüdischen Volksglaubens. Mit dem endzeitlichen Denkmodell der Juden haben die Christen die Überzeugung übernommen, dass die Toten zum Endgericht auferstehen werden(vgl. Fischer 2012).

Bereits in der frühen Kirche hat sich der Auferstehungsglaube mit dem hellenistischen Gedanken, dass die Seele des Menschen unsterblich sei, verbunden und sich im christlichen Volksglauben sogar durchgesetzt. Fragt man heute pauschal nach Hoffnungen über den Tod hinaus, so ist von einem Drittel der Befragten Zustimmung zu erwarten, da die Befragten ihre eigenen Erwartungen, die sie aus unterschiedlichen religiösen Traditionen übernommen haben, in ihrer Antwort unterbringen können. Auferweckung (christlich), Unsterblichkeit der Seele (platonisch), Wiedergeburt/Seelenwanderung/Reinkarnation (keltisch, griechisch, indisch) Fortleben in den Nachkommen. Wird hingegen gezielt nach der »Auferweckung der Toten durch Gott« gefragt, so stimmen dem nur 11% zu (Jörns 186). Auch in der Frage eines Lebens nach dem Tod ist der Patchwork-Glaube bereits voll ausgeprägt. 19% glauben an die Unsterblichkeit der Seele, 11% an ein Weiterleben in den Kindern und Enkeln, 9% an eine Wiedergeburt. Bei jenem Drittel, das ein Leben nach dem Tod erwartet, wird es in Zukunft kleine Verschiebungen innerhalb der genannten Wahlmöglichkeiten geben.

7.3.3 Die rituelle Dimension

In Riten werden religiöse Inhalte gestisch zum Ausdruck gebracht. Riten sind Elemente innerhalb eines religiösen Gesamtsystems und erhalten von daher ihre Bedeutung. Die Geste des Bekreuzigens in der orthodoxen und der römisch-katholischen Kirche erhält ihren Sinn vom christlichen Verständnis des Todes Jesu am Kreuz für uns. Das Ritual des Abendmahles ist nur vom jeweiligen Sakramentsverständnis der Konfessionen her zu entschlüsseln. Westliche Christen werden bereits vielen rituellen Handlungen orthodoxer Priester im Gottesdienst verständnislos gegenüberstehen.

Der stark nachlassende Gottesdienstbesuch muss nicht bedeuten, dass auch die Akzeptanz der religiösen Riten in gleichem Maße zurückgeht. Er signalisiert aber einen Rückgang der öffentlichen rituellen Praxis, in der der Einzelne das gesamte Sinngefüge des Ritus bejaht. Diese öffentliche Ritualpraxis ist in Deutschland 18% der Befragten *sehr wichtig* und 31% *wichtig* (RM 84).

Selbst bei Religionslosen gibt es ein Bedürfnis nach öffentlichen Ritualen, und zwar bei den Wendepunkten des Lebens. Ein Beispiel dafür ist die Einrichtung und später das Festhalten an der Jugendweihe auch nach dem Untergang der DDR. Rituale haben auch außerhalb der Religion für die Gemeinschaft eine wichtige Funktion. Das zeigen z. B. die Vereidigungen von Sol-

daten, die Einführungen und Verabschiedungen von Funktions-
trägern, die militärischen Rituale bei Staatsbesuchen und die
Nationalhymnen bei internationalen Sportveranstaltungen.

Die abnehmende öffentliche Ritualpraxis, z. B. die des Gebets, verlagert sich allerdings nicht in den privaten Bereich, denn
dieser müsste dann ansteigen. Das aber ist nicht der Fall. Die
Häufigkeit des häuslichen Tischgebets nahm ebenso stark ab wie
der Gottesdienstbesuch und die Teilnahme am öffentlichen
Gebet. In Deutschland sank die Zahl derer, die den Gottesdienst
häufig besuchen, von 60 % in 1965 auf 36 % in 2012 (AA 1097).
Im gleichen Zeitraum fiel die Praxis des häuslichen Tischgebets
der Erwachsenen prozentual noch stärker ab von 29 % auf 9 %
(AA 1098 und 1009).

7.3.4 Die mystische Dimension

Auf die Vielfalt der Bedeutungen des Wortes »mystisch« wurde
schon in 2.2.7 hingewiesen. Sie zeigt, dass ein so vielgestaltiges
Phänomen nur schwer zu messen ist, da es dafür weder ein ein-
deutiges Stichwort noch eine normative Definition gibt, die Fra-
ger und Befragter gemeinsam haben. Die Bezeichnung »mystisch« umfasst Phänomene, die mit Meditation, Kontemplation,
Ekstase, Entrückung, Erleuchtung, Gottes- oder Transzendenzerfahrung, Begegnung oder Vereinigung mit dem All-Einen sprachlich beschrieben werden, obwohl sie sich weithin nicht sprachlich vollziehen. Die Grenze zwischen religiösen und rein psychischen Praktiken lässt sich zwar theoretisch klären, ist aber bei
Befragungen kaum klar zu ziehen. Naturmystische Erlebnisse
müssen keinerlei Gottes- oder Transzendenzvorstellungen enthalten. Die monistische Mystik, die besonders in Indien praktiziert wird, denkt die Transzendenz nicht personal, sondern
geht davon aus, dass die menschliche Seele und das göttliche
Prinzip identisch sind. Die theistische Mystik ist besonders im
Christentum ausgebildet worden.

Was Menschen in ihren mystischen Erlebnissen als das Andere und Umfassendere erfahren, das hängt von dem jeweils vorgegebenen Gesamtkonzept ab, in dem sie es interpretieren. Darin unterscheidet sich das mystische Phänomen nicht von einem Naturphänomen, dem sich die Naturwissenschaft zuwendet. Für beide gilt das Theorem des Mathematikers Kurt Gödel, wonach sich kein System selbst begründen kann, sondern grundsätzlich auf Vorentscheidungen zurückgreifen muss, die einem umfassenderen Horizont entstammen. Naturmystiker werden das »Andere« als Natur interpretieren. Indische Hindus oder Buddhisten werden es apersonal als das Göttliche verstehen, und Christen werden es in ihrer Tradition mit dem persönlichen Gott identifizieren. Das allen Gemeinsame ist die *Weise,* in der das All-Eine erfahren wird, nicht die Anschauungsform, in der es dem Einzelnen erscheint. Die Anschauungsform ist von der Gesamtkultur vorgegeben.

Meditation. Der Königsweg zur mystischen Erfahrung ist die Meditation. Das Ziel der Meditation kann so vielschichtig sein wie die Interessen, die jemand damit verbindet. In der religiösen Form ist es das Leerwerden des eigenen Bewusstseins, damit es zu einer Begegnung mit der letzten Wirklichkeit kommen kann. Von anderer Art ist die gegenständliche Meditation. Sie hat das Ziel, durch Konzentration auf einen Gegenstand, diesen in seiner Gesamtheit zu schauen, z. B. ein Kunstwerk, eine geistige Erkenntnis oder auch Gott. Hinter vielen Meditationsangeboten stehen seit langem bekannte Entspannungstechniken mit dem Ziel, für den Alltag die gewünschte »Fitness« zu halten oder zu erlangen. Almuth und Werner Huth verweisen auch auf jene harmlosen und gut gemeinten Verfahren, die besonders in manchen kirchlichen Kreisen gepflegt werden (Huth 58).

Unter der irreführenden Bezeichnung »Meditation« geht es hier meist nur um »Herumgegrüble, Herumgefühle und Herumsinnieren, das oft bilderreich und stimmungsselig ist, das aber meist weniger der existenziellen Kraft entspringt als der Unfähigkeit, klar zu denken« (Huth 58). Auch außerhalb kirchlicher Kreise, gleichsam als Religionsersatz, »geht es dabei immer um dasselbe: Um die Umfunktionierung der Unfähigkeit zu geistiger Klarheit und zur Entwicklung authentischer Gefühle in das hochtrabende Wort ›Meditation‹« (Huth 58). Der Funktionalisierung meditativer Techniken sind keine Grenzen gesetzt. Bei Umfragen ist deshalb auch nicht zu ermitteln, was Befragte unter dem Stichwort »Meditation« konkret meinen und zu Protokoll geben.

Mehrheitlich handelt es sich um außerkirchliche Angebote und um individuelle Praktiken, die an die Stelle eines traditionell theistischen Gebetes treten. Wer das uns unverfügbare Umgreifende nicht mehr theistisch denken kann, wird seine Form von Meditation eher in einem monistischen Denkmodell vollziehen. Sofern in unserem Kulturbereich mystische, meditative oder spirituelle Praktiken ermittelt werden, darf man sie weitgehend nichtkirchlichen Denkmodellen zuordnen. In diesen und anderen Erscheinungsformen des Religiösen sieht der Soziologe Armin Nassehi in den Interviews eine fast überall zu hörende Kirchenferne, vor allem der Hochreligiösen. Ihre Kirchenferne ist keine Kirchenferne aus Desinteresse an der Religion. Das deutet er so: »Je intensiver unsere Interviewpartner ihr eigenes Glaubensleben erleben, desto mehr geraten sie in eine innere Distanz zur kirchlichen Praxis, ohne diese freilich generell abzulehnen.« (RM 120)

Vergleicht man in Österreich, der Schweiz und Deutschland die Durchschnittswerte für Gebet und Meditation nach Typen von *nicht religiös* bis *hoch religiös*, so zeigen sie parallel verlaufende Kurven. Die Werte der Meditation liegen freilich auf einem weit niedrigeren Niveau (AKR 359). Das bedeutet, dass nur ein Teil derer, die die traditionelle Gebetspraxis aufgegeben haben, diese in Gestalt der Meditation weiterführen.

Gotteserfahrung. Weniger dramatisch, aber für die Religiosität vieler Menschen wichtiger, sind Gefühle, in denen ein Zusammenhang mit Gott oder dem Göttlichen hergestellt wird.

144

Abgesehen von der Gruppe jener, die sich selbst weder als religiös noch als spirituell einstufen, werden die folgenden Gefühle *oft* bis *sehr oft* in Bezug auf Gott oder etwas Göttliches erlebt.

	A	CH	D
Dankbarkeit	40%	47%	49%
Hoffnung	39%	45%	46%
Liebe	35%	43%	42%
Freude	33%	44%	41%
Kraft	35%	40%	36%
Geborgenheit	30%	35%	34%
Hilfe	29%	35%	33%
Ehrfurcht	32%	27%	29%

Quelle: RM 281f

In diesen Werten äußert sich authentisch eine Religiosität, die ohne kirchliche Vermittlung elementar als Transzendenz- oder Gotteserfahrung erlebt wird.

7.3.5 Die ethische Dimension

Sobald sich der Mensch seiner selbst und als Gegenüber zu der ihm unverfügbaren Weltwirklichkeit bewusst wird, steht er *auch* vor der Frage: Was soll ich/was sollen wir tun? Aus dem Welt- und Menschenverständnis einer Religion ergeben sich Konsequenzen für das Verhalten. Die Ethik der Religionen hat die Gestalt von Geboten und Verboten, von Vorschriften und Regelungen für das Zusammenleben und Lebensweisheiten und Empfehlungen. Eine systematisch entfaltete Ethik hat nur die westliche Christenheit entwickelt.

Für die Religiosität in der christlichen Kultur ist vor allem die Feststellung relevant, dass das Verhalten eines Christen nicht durch Imperative und moralische Normen gelenkt wird, sondern aus dem Indikativ hervorgeht, geliebt und zur Liebe befreit zu sein. Bereits Augustinus hat die indikativische Grundlage für christliches Handeln auf die einfache Formel gebracht: »*Ama, et fac quod vis*« – lass dich von der Liebe *(agape)* leiten, die in Jesus als Geschenk und als Kraft sichtbar und wirklich geworden ist, und handle aus diesem Impuls nach deiner besten Erkenntnis.

Kirchliche Denkschriften oder päpstliche bzw. bischöfliche Erklärungen und Hirtenworte zu aktuellen Themen sind Erkenntnis- und Reflexionshilfen. Sie können aber weder als Anweisungen noch als Gebote gelten, noch können sie dem Einzelnen die persönliche Verantwortung für sein Tun abnehmen.

Viele ethische Standards der Christenheit sind in die staatliche Gesetzgebung und in das Bewusstsein unserer Kultur eingegangen. Sie werden gar nicht mehr als religiös empfunden und werden auch von der Mehrheit derer bejaht, die sich als nicht religiös bezeichnen und keiner Religion mehr angehören. Der Mittelwert derer, die ihren Alltag *sehr* nach religiösen Geboten richten, beträgt in A 28 %, in CH 32 %, in D 26 %. Ähnlich viele richten sich in *mittlerem Mass* nach religiösen Geboten. Und viele, die sich ebenso verhalten, werden das nicht als religiös bewerten, denn ethische Grundhaltungen, die in die Kultur integriert wurden, werden nicht mehr als religiös empfunden. Religiös-ethische Grundhaltungen, die mit der Sozialisation erworben wurden, klingen auch dann noch nach, wenn die Religionsgemeinschaft verlassen wird. An die Kinder werden freilich nur noch die verbliebenen ethischen Grundsätze weitergegeben.

7.3.6 Die integrative Dimension

Im gegenwärtigen Bewusstsein gilt Religiosität als eine private Sache und sie bildet auch im Privaten einen in sich abgeschlossenen Bereich, eben den der Religion. Diesen Bereich kann man mehr oder minder gut pflegen. Man kann aber auch ganz darauf verzichten. Ihrem Selbstverständnis nach ist Religion eine Angelegenheit der Gemeinschaft. Sie ist aus der Gemeinschaft hervorgegangen und auch auf Gemeinschaft bezogen. In der Frühgeschichte der Menschheit bildete Religion die Grundlage der jeweiligen Kultur. Sie gab die Leitgedanken vor, nach der sich eine Kultur ausformte und entwickelte. In der europäischen Neuzeit haben sich die unterschiedlichen gesellschaftlichen Bereiche schrittweise als eigenständige Größen verstehen gelernt und aus der religiösen Vormundschaft gelöst. Politik, Wirtschaft, Sozialwesen, Wissenschaften und Künste haben sich verselbstständigt und nach eigenen Regeln geformt. Damit zugleich wurden auch Religion und Religiosität als Eigenbereiche definiert, in ihre Grenzen gewiesen und auf den Privatraum beschränkt.

Seit der Mitte des 20. Jahrhunderts ist durch Vertreibungen, Fluchtbewegungen und globale Mobilität in Europa eine multireligiöse Gesellschaft entstanden, in der Religion und Religiosität grundsätzlich Sache einer persönlichen Option sind. Die persönliche Religiosität ist nicht mehr nur schicksalhaft durch die Herkunftsreligion vorgegeben, sondern dem Einzelnen zur freien Entscheidung in die Hand gegeben. Es besteht die Möglichkeit, einer freischwebenden, selbstgebastelten (Bricolage-)Religion, die sich jeder nach Geschmack und Bedarf aus dem bunten religiösen Angebot selbst zusammenstellen kann.

Allein diese Möglichkeit sprengt die bisherige Bedeutung des Wortes »Volkskirche« im Sinne einer geschlossenen Glaubensgemeinschaft. Die noch vor wenigen Generationen identifizierbare konfessionelle Religiosität hat sich in Religiositäten aufgelöst, die zwar noch konfessionelle Grundfärbungen haben, aber darüber hinaus überkonfessionelle, synkretistische und esoterische Beimischungen enthalten. Das Private des Religiösen ist voll internalisiert, wirkt sich aber inhaltlich auf die persönlichen Lebensbereiche des Einzelnen nur noch gering aus. Auf die Frage, »Wie stark wirkt sich Ihre Religiosität auf folgende Lebensbereiche aus?« gaben eine *starke* Auswirkung an:

147

	A	CH	D
auf Erziehung der Kinder	32 %	30 %	28 %
auf Partnerschaft	26 %	26 %	25 %
auf Arbeit und Beruf	18 %	19 %	17 %
auf Freizeit	19 %	18 %	17 %
auf politische Einstellung	13 %	15 %	14 %

Quelle: RM 279

Die integrative und mitgestaltende Kraft der Religiosität für die Handlungsfelder des Menschen kommt in unserem Kulturraum nur noch in geringem Maße zum Zug. Je weiter die weltanschaulichen Vorgaben des Religiösen von denen der säkularen Felder abweichen, desto schwieriger wird es, religiöse Überzeugungen in den Handlungsfeldern unseres Lebens zur Geltung zu bringen. Durch die Privatisierung und den Rückzug aus den säkularen Bereichen sind öffentliche Religion und Religiosität »unsichtbar« geworden (Luckmann).

8 Zusammenfassung und Auswertung

8.1 Religion und Religionslosigkeit

Religion und Religiosität ist ein weltweit in allen Kulturen und zu allen Zeiten anzutreffendes Phänomen. Dieses Phänomen ist freilich so vielgestaltig, dass bisher noch keine befriedigende Definition gefunden wurde, die alle Erscheinungsformen zureichend erfasst. Festzustellen ist aber auch, dass es mindestens in der jüdisch-hellenistisch-christlichen Kultur in allen Epochen Einzelne oder Gruppen gab, die sich gemessen an der Religion ihrer Kultur als religionslos verstanden und das Transzendenz- und Gottesverständnis ihres Umfeldes ablehnten. Diese Gruppe wächst in Europa und auch im deutschsprachigen Bereich, auf den wir uns hier beschränken. Hinsichtlich seiner religiösen Situation ist Europa in weltweiter Betrachtung gegenwärtig freilich nicht der Normalfall, sondern die Ausnahme.

Alle Versuche sind bisher gescheitert, im Menschen eine religiöse Anlage, ein Gottesgen im Erbgut oder ein Gottesmodul oder Gottesareal im Gehirn nachzuweisen: Menschen, die sich selbst für religionslos halten, können also nicht als defizient bewertet werden. Die Frage bleibt, an welchem Verständnis von Religion der Religionslose seine Religionslosigkeit festmacht. Religion begegnet uns immer in Gestalt einer bestimmten Religion, d. h. einer kulturell gebundenen Ausdrucksform. Deshalb bedeutet Religionslosigkeit in einer schamanistischen Kultur etwas anderes als in einem monotheistischen Europa.

8.2 »Transzendieren« als elementare Religiosität

In Kapitel 5 wurde skizziert, dass sich der Sinnhorizont von Religion aus den Fragen ergibt, die sich der seiner selbst bewusst gewordene Mensch im Rahmen seiner Sprachmöglichkeiten stellen muss. Der Soziologe Thomas Luckmann hat gezeigt, dass sich der Mensch mit der Bildung von sprachlichen Symbolen und Begriffen für die ihm begegnende Wirklichkeit von der Natur ablöst und damit bereits seine unmittelbare *Erfahrung transzendiert.*

Mit den sprachlichen Symbolen für Erfahrung von Welt werden diese Erfahrungen kommunizierbar und Gemeingut der Sprachgemeinschaft. Durch die Sprache selbst und zusammen mit anderen sprachlichen Symbolen wird die Erfahrung des Einzelnen innerhalb eines kulturellen Sinngefüges der Sprachgemeinschaft gedeutet: Alle Begegnungen mit Welt werden zu *gedeuteten* Erfahrungen im Weltverständnis und im Deutungsrahmen dieser Gemeinschaft. Eben dabei *transzendiert der Mensch seine biologische Natur auf Sinn hin,* womit der Horizont von Religion auf andere Weise umschrieben wird. Da dieses Transzendieren der biologischen Natur ein universales menschliches Phänomen ist, darf man die darin gegebene Religiosität als »elementar« bezeichnen. Im Sinne dieses Transzendierens seiner biologischen Natur ist jeder vollsinnige Mensch religiös. Solange sich die biologische Natur des Menschen nicht verändert, ist die elementare Religiosität nicht in Gefahr. Veränderbar sind allerdings – wie zu allen Zeiten – ihre Ausdrucksformen. Die Fähigkeit zu transzendieren muss nicht notwendig dazu führen, dass das Konstrukt einer Transzendenz im Sinne eines Jenseits zu dieser Welt ausgebildet wird. Wird Transzendenz als ein raumzeitlich Anderes gegenüber dieser Welt verstanden, das zudem mit Mächten, Dämonen oder Göttern erfüllt ist, so handelt es sich bereits um das religiöse Konstrukt einer konkreten Religion, die darin ihrem Weltverständnis Ausdruck gibt.

8.3 Religion und Gesellschaft

Was etwas ist und bedeutet, das ergibt sich demnach nicht aus der unmittelbaren Erfahrung, sondern das erlernen wir im Zuge unserer Sozialisation mit unserer Sprache und durch sie. Der Vorrat an Weltverständnis und Weltdeutung wird in der Sprachgemeinschaft aufgebaut und über die Sprache von Generation zu Generation weitergegeben. Weltverständnis ist eine Leistung der Gesellschaft als Sprach- und Kulturgemeinschaft.

Gesellschaft bezeichnet die Gesamtheit aller sozialen Beziehungen. Dazu gehört alles, was wir heute als wirtschaftlich, politisch, sozial und kulturell bezeichnen. In der Frühzeit der Menschheit bildeten diese Handlungsfelder eine Einheit, die sich an der gemeinsamen religiösen Weltsicht orientierte. In Europa begann sich die religiös dominierte Einheitskultur des Mittelalters im 18. Jahrhundert aufzulösen. Die einzelnen Lebenssegmente verstanden sich als autonom und gaben sich ihre eigenen Zwecke und Ziele. Das bis dahin herrschende christliche Verständnis von Welt und Mensch wurde aus diesen autonom gewordenen Lebensbereichen strukturell ausgegliedert und blieb dort nur noch durch die einzelnen darin handelnden Individuen präsent. Der Begriff »Säkularisierung« drückt in dieser Hinsicht aus, dass die ehemalige Identität von Christentum und Gesellschaftsstruktur nicht mehr existiert und die Standards des Christentums in allen autonom gewordenen Lebensbereichen ihre ehemals strukturierende Geltung verloren haben. Damit ist Religion oder christlicher Glaube zwar nicht abgeschafft, aber in den Lebensbereich des Privaten abgedrängt und darauf eingegrenzt worden. Die christlichen Werte sind in den autonom gewordenen Lebensbereichen nur noch in dem Maße präsent, in dem sie von den darin Handelnden im Rahmen ihrer Möglichkeiten aktiv eingebracht werden.

8.4 Religion und Kultur

Religion ist ein kulturelles Phänomen. Das Verhältnis zwischen Religion und Kultur ist freilich nicht festgelegt. Versteht man die Kultur als die Gesamtheit von allem, was der Mensch in Auseinandersetzung mit der Natur hervorgebracht hat, so ist Religion in den frühen Kulturen der umfassende Orientierungsrahmen für menschliches Handeln in allen Lebensbereichen.

Die erste Generation der Christen, die wie Jesus zunächst mit dem nahen Ende dieser Weltzeit rechnete, stand der gegebenen Kultur in skeptischer Distanz oder gar indifferent gegenüber. Seit das Christentum im 4. Jahrhundert Staatsreligion wurde, entwickelte es sich in Gestalt der Kirche zur führenden und zentralen kulturellen Größe. Mit der Säkularisation wurde die Religion generell zu einem Kulturbereich neben vielen anderen. Innerhalb des religiösen Bereiches sieht sich die christliche Religion einer Konkurrenz von Hunderten religiösen Angeboten gegenüber.

Als kulturelle Größe ist die christliche Religion in unseren Regionen noch in vielen Bauten, Denkmälern, Kunstwerken, sprachlichen Wendungen und historischen Erinnerungen präsent und als unsere Vergangenheit durchaus anerkannt. Christliche Inhalte klingen als Erinnerungsposten noch an, aber als aktuelle Orientierung, als öffentliche Formkraft und als Bildungsgut nimmt ihr Einfluss deutlich ab.

Mit der medialen Aufwertung der Popkultur gegenüber der Bildungskultur in den letzten Jahrzehnten ist eine Banalisierung des Christlichen einhergegangen. Zudem ist die Theologie, die noch vor zwei Jahrhunderten im Mittelpunkt akademischer Bildung stand, ist zum Randfach geworden, die um den Status einer Wissenschaft und um das Bleiberecht an der Universität kämpfen muss.

8.5 Christliche Religion als Kirche

Der christliche Glaube ist die einzige Religion, die sich als Kirche organisiert hat. Im Verständnis der römisch-katholischen Kirche ist »christlich« und »kirchlich« sogar identisch. Im öffentlichen Bewusstsein stehen bei uns Kirchen für das, was als christliche Religiosität gilt. Diese Gleichsetzung wurde als methodisches

Prinzip sogar bis in die jüngste Zeit auch von der Religionssoziologie übernommen und den meisten ihrer Untersuchungen zugrunde gelegt. Das ist freilich sowohl soziologisch wie theologisch reduktionistisch gedacht.

Kirchliche Ideologie mag gemäß ihrem Selbstverständnis die eigene Kirche als die einzige Insel im Meer der Religionslosigkeit verstehen und die Gleichsetzung von Religion und Kirche begrüßen, um ihr religiöses Monopol zu behaupten; diese Sicht erweist sich aber als ein eurozentrischer Reduktionismus, denn sie ignoriert alle nichtkirchlichen historischen Ausdrucksformen von Religion und die anthropologisch bedingte elementare Religiosität, die auch unabhängig von kirchlichen Formen existiert.

Der Religionssoziologe Thomas Luckmann kritisiert aus den genannten Gründen den Theoriemangel seines Faches: »Die Disziplin akzeptiert ... die Selbstinterpretationen – und die Ideologie – religiöser Institutionen als gültige Definition ihres Gegenstandsbereiches.« (Luckmann 60) Die Umfragen nach kirchlich vorgegebenen Dogmen und kirchlichen Positionen können allenfalls einzelne Dimensionen kirchenorientierter Religiosität erfassen; sie klammern damit freilich jene Formen von Religion und Religiosität aus, die sich heute jenseits der kirchlichen Formen zeigen.

Die Untersuchungen zum Stand der kirchlichen Religiosität sind freilich nicht wertlos. Ihre Ergebnisse sind sogar eindeutig und für die Kirchen alarmierend. Im Religionsmonitor fassen Olaf Müller und Detlef Pollack zusammen, »dass Kirchlichkeit, Religiosität und Spiritualität unter Frauen häufiger anzutreffen sind als unter Männern. Die konventionellen Formen der Religiosität finden sich ... bei den älteren Generationen, bei den niedriger Gebildeten und bei der Landbevölkerung häufiger als bei den Jüngeren, den Hochgebildeten und denjenigen, die in größeren Städten leben.« (RM 175) Die Kirchlichkeit nimmt bei Personen ab, die im Arbeitsprozess der modernen Industriegesellschaft stehen und sie ist unverhältnismäßig hoch bei den Resten des traditionellen Bürgertums (Luckmann 64f).

In den deutschsprachigen Ländern steigen Urbanisierung und Ausbildung. Die Erwerbsarbeit, besonders der Frauen, nimmt ebenfalls zu. Das traditionelle Bürgertum hingegen geht zurück und die religiöse Sozialisierung der nachfolgenden Generationen nimmt ab (AKR 427). Man muss kein Prophet sein, um daraus zu schließen, dass die Tendenzen der Entkirchlichung, die bereits jetzt eindeutig sind, anhalten oder sich gar verstärken werden, falls die Kirchen und deren Denkmuster und Kommunikationsverhalten sich nicht ändern.

8.6 Zur kognitiven Dimension von Religiosität

Das Interesse und die Offenheit, sich mit religiösen Themen zu beschäftigen und auseinanderzusetzen, ist in den deutschsprachigen Regionen mit 65 % bis 70 % erstaunlich hoch. Und zwar zeigen Personen in den drei Ländern

	in A	in CH	in D
mittleres Interesse	49 %	57 %	53 %
hohes Interesse	16 %	13 %	12 %

Quelle: RM 270

Im Gegensatz zu dem großen Interesse an religiösen Themen ist die Zustimmung zu den traditionellen Glaubensvorstellungen der christlichen Kirchen in den Kernthemen »Gott« und »Leben nach dem Tod« unter die 20-%-Marke und in urbanen Verhältnissen bei Gebildeten noch tiefer gesunken (vgl. 7.3.2). Die Werte zwischen dem Interesse an Glaubensfragen und der Zustimmung zu traditionell vorgegebenen christlichen Glaubensinhalten entfernen sich auch deshalb zunehmend voneinander, weil die traditionellen kirchlichen Äußerungen in Predigten, Gebeten und offiziellen Dokumenten seit Jahrzehnten von anderen weltanschaulichen Vorgaben ausgehen, als die Bevölkerung mitbringt. . Kirchliche Äußerungen, die ungebrochen von einem antiken oder mittelalterlichen Weltverständnis ausgehen, haben keine Chance, die Zeitgenossen zu erreichen. Wenn mehr als 80% der Prediger davon ausgehen, dass ein personaler Gott existiert, der die Verstorbenen zu einem neuen Leben erwecken wird, aber regional unterschieden 70% bis 90% der Predigthörer eben diese inhaltliche Voraussetzung nicht mehr teilen, sondern sie oft bewusst ablehnen, so ist der Plausibilitätsverlust der kirchlichen Verkündigung keine Überraschung.

8.6.1 Traditionelle Verkündigung ignoriert das Weltverständnis der Zeitgenossen

Kommunikation von religiösen Inhalten kann aber nur auf der Basis gemeinsamer Vorgaben im Weltverständnis gelingenDer christliche Glaube ist nun einmal in den historischen Ausdrucksformen der Antike und der hellenistischen Kultur formuliert worden, die auch bei uns bis in das 17. Jahrhundert plausibel und selbstverständlich waren. Diese Ausdrucksformen des Glaubens sind infolge ihrer Jahrhunderte währenden Akzeptanz zum *Inhalt* des Glaubens erhoben und als Inhalte auch dann noch verteidigt worden, als sich das Weltverständnis in Europa längst verändert hatte. Personaler Gott und Auferweckung von den Toten – um bei diesen Beispielen zu bleiben – sind Ausdrucksformen und nicht Inhalte des christlichen Glaubens.

Eine Theologie, die es nicht fertigbringt, die Lebenswirklichkeit der Botschaft Jesu in die Vorstellungsformen ihrer Zeit zu übersetzen, schließt sich nicht nur selbst aus dem universitären Diskurs aus; sie versäumt auch ihre Übersetzungspflicht und ihre kritische Funktion, die Verkündigung inhaltlich zeitnah bei ihrer Sache zu halten. Prediger, die ihre erlernten Ausdrucksformen des Glaubens zum Inhalt ihrer Verkündigung machen und sich auf das Weltverständnis ihrer Hörerinnen und Hörer nicht einlassen, sollten nicht die Schwerhörigkeit ihrer Hörer beklagen, sondern sich ihrer geistigen Immobilität und ihrer mangelnden Zeitgenossenschaft bewusst werden. Eine Kirche, die ihre Botschaft nicht auf der Bewusstseinshöhe und in den Denkmodellen und Symbolen ihrer Zeitgenossen artikuliert, trägt selbst zur Privatisierung des Religiösen bei und fördert jene heimatlose und freischwebende Religiosität, in der jeder genötigt ist, sich seine eigene Religion selbst zu basteln.

8.6.2 Die Botschaft Jesu hängt an keinem Weltverständnis

Die Botschaft Jesu schwört Menschen weder auf ein bestimmtes Weltverständnis ein, noch versteht sie sich als ein zustimmungspflichtiges Wissen. Jesus hat seine Botschaft von der Liebe, in der sich das Göttliche als lebendig und schöpferisch und als Geschenk erweist, nicht in Gestalt von Dogmen und Heilslehren vorgetragen, sondern diese Liebe selbst gelebt und damit erfahrbar und sichtbar gemacht. Dieser so eröffneten Lebenswirklichkeit haben seine Jünger in der Sprache, in den Denkmodellen und Symbolen ihrer Zeit Ausdruck gegeben.

Bereits Paulus musste für seine hellenistischen Hörer vieles in den ihnen vertrauten und plausiblen Bildern, Symbolen und Denkformen ausdrücken, um den Gehalt der Botschaft verständlich zu machen. Gleiches leisteten die Theologen des Mittelalters für die germanischen und anderen Kulturen, in denen das Christentum Fuss fasste. Wir stehen in Europa seit einem Jahrhundert vor der vergleichbar schwierigen Aufgabe, den Kerngehalt der Botschaft Jesu in die Denkformen eines von Grund auf gewandelten Weltverständnisses umzuformen, das den Zeitgenossen selbstverständlich ist. Es genügt nicht mehr, die alten Sätze in alter Sprache zu erklären. Wenn Lehrsätze nicht zu Leersätzen werden sollen, muss das Wagnis eingegangen werden, den Wirklichkeitsgehalt der Jesusbotschaft in der Gestalt zeitgenössischer Denkmuster zur Sprache zu bringen. Diese neue Sprache wird weder vom Himmel fallen noch wird sie uns von einem Genie geschenkt werden. Sie kann aber in einem offenen Dialog mit jenen Zeitgenossen gewonnen werden, die sich ihres heutigen Weltverständnisses bewusst sind. Hier liegt die gemeinsame kognitive Aufgabe und Herausforderung für Theologie, Kirche, Prediger und Gemeinde. Dieser Dialog ist längst eröffnet, er muss nur angenommen werden.

8.7 Zur rituellen Dimension von Religiosität

8.7.1 Jede Gemeinschaft bildet Riten aus

In jeder menschlichen Gemeinschaft bilden sich Riten, die dem Zusammenleben zuverlässige Formen geben. Die jeweiligen Anstandsregeln sind säkulare Riten. Riten, Rituale und Kult sind wichtige Kennzeichen aller organisierten Religionen und sie sind zugleich deren Kitt. Sie signalisieren Gemeinschaft, sie repräsentieren diese Gemeinschaft und sie geben dem Einzelnen Verhaltenssicherheit Identität und die Gewissheit, dazuzugehören.

8.7.2 Religiöse Riten sind sinngeladene Gesten

Religiöse Riten setzen ein gemeinsames Weltverständnis voraus und sie erhalten ihre Bedeutung von diesem Sinnkonzept her. Erst die Deutung der Riten in einem Sinngefüge erschafft deren Bedeutung. Als Handlungen oder Handlungsabläufe müssen Riten daher vorab gedeutet oder im Vollzug sprachlich begleitet werden. In Naturreligionen und in den Religionen der Alten Welt dienten Riten auch der Kommunikation mit den Mächten, Dämonen, göttlichen Kräften und Göttern und als Praktiken, um auf diese einzuwirken.

8.7.3 Von der kultlosen Botschaft Jesu zu den Riten der Kirche

Jesus war kein grundsätzlicher Gegner von Riten und Ritualen. Er besuchte den Gottesdienst in der Synagoge, aber stieß in Jerusalem die Tische der Taubenverkäufer und Wechsler um, die zum System des Opferkultes gehörten (Mk 11,27ff). Er lehnte also bestimmte Rituale seiner Religion eindeutig ab. Seine Botschaft enthielt keine kultischen Elemente.

Erst nachdem aus den ersten Jüngergemeinden sich in der zweiten und dritten Generation eine Kirche gebildet hatte, begann man aus der jüdischen Religion und aus den hellenistischen Kulten einzelne Rituale und Kultelemente zu übernehmen und sie im Sinngefüge eines sich bildenden christlichen Denkens neu zu deuten (zu Agape-Mahl und Eucharistie vgl. Fischer 2009). Im Mittelalter wurde im kirchlichen Brauchtum das Naturjahr und das Kirchenjahr mit Kultelementen angereichert, die sich in den Kulturen des Zweistromlandes bis in das 3. Jahrtausend v. Chr. zurückverfolgen lassen (siehe Maertens). In den katholischen Regionen ist die rituelle Dimension zum Schwerpunkt der christlichen Religion geworden. Die Reformation hat vielen Riten, etwa im Zusammenhang der Heiligenverehrung, den Boden entzogen.

8.7.4 Die kirchlichen Riten verlieren Sinn und Akzeptanz

Mit der Urbanisierung des Landes ist das kirchliche Brauchtum der bäuerlichen Welt aus dem Blickfeld vieler Menschen verschwunden. Die stark rückläufigen Zahlen beim Besuch des Gottesdienstes, bei der Beichte und bei der Inanspruchnahme von Segenshandlungen deuten an, dass kirchliche Rituale selbst in katholischen Regionen nicht nur ihre Allgegenwart, sondern auch viel von ihrer Akzeptanz verloren haben. Eine gewisse, wenn auch abnehmende Stabilität, ist nur bei den *rites de passage* (Taufe, Kommunion/Konfirmation, Heirat und Bestattung) festzustellen, weil selbst kirchlich Distanzierte ihnen einen persönlichen Sinn zusprechen.

Die liturgischen Elemente in den Gottesdiensten werden zwar den Gottesdienstordnungen gemäß noch praktiziert, sie haben aber nur noch für die regelmäßigen Gottesdienstbesucher einen benennbaren Bedeutungsgehalt. Der Gehalt der klassischen Responsen wie »Halleluja«, »Kyrie«, »Gloria« ist selbst bei vielen, die sie noch mitvollziehen, nicht mehr präsent.

Riten, deren Deutung den daran Teilnehmenden nicht bekannt ist, sind leer. Es ist unwahrscheinlich, dass sie gerade von denen, die ihren Sinn nicht verstehen, *ex opere operato*, d. h. allein durch ihren Vollzug, als sinnvoll angenommen werden. Ohne den Hintergrund ihres kirchlichen Lehrgebäudes verlieren Riten ihre Bedeutung. Mit dem schwindenden Kontakt zum konfessionellen Lehrgebäude verblassen Verständnis und Akzeptanz der Riten. Das ist die gegenwärtige Entwicklungstendenz.

8.7.5 Wie notwendig sind religiöse Riten?

Grundsätzlich ist zu fragen, ob die Botschaft Jesu kirchliche Riten, Rituale und Kulthandlungen braucht. Ist es denn ausgemacht, dass sie im Konzept einer christlichen Kirche notwendig sind? Die reformierten und die ihnen verwandten Kirchen kommen mit einem Minimum an Riten aus und es fehlt ihnen nichts.

Jesus ließ sich von Johannes taufen. Er selbst und seine Jünger aber haben nicht getauft. Eine Taufe als Aufnahme in die Gemeinde entstand erst nach Jesu Tod. Der Taufbefehl Mt 28,18–20 ist kein authentisches Jesus-Wort, sondern begründet erst gegen Ende des 1. Jahrhunderts die in vielen Gemeinden bereits geübte Taufpraxis. Das Gemeinschaftsmahl (*agape*), das nach Jesu Tod in vielen Gemeinden in Gestalt eines Sättigungsmahles und als Symbol der Gemeinschaft gefeiert wurde, entwickelte sich erst im Laufe des 2. Jahrhunderts zu einer eucharistischen Kulthandlung, die in den Gottesdienst integriert wurde. Zu Sakramenten im Sinne von »heiligen Zeichen« wurden Taufe und Abendmahl durch Augustinus (354–403). Erst das Konzil von Trient hat 1547 die Sakramente zu wirksamen Gnadenmitteln und für heilsnotwendig erklärt.

Jesu Botschaft von einem Leben aus dem Geschenk der Liebe bedarf keiner Kulthandlungen. Gegen Riten, die Jesu Botschaft in plausibler Weise zum Ausdruck bringen, ist hingegen nichts einzuwenden. Archaische Riten, die ein magisches Denken voraussetzen und von vielen Zeitgenossen nicht nachvollziehbar sind, werden weiterhin an Plausibilität und Akzeptanz verlieren, ohne dass der Botschaft Jesu inhaltlich etwas verloren geht. Ritenpraxis kann allenfalls für die kirchliche Religiosität einiger Konfessionen ein Indiz sein, nicht aber für den christlichen Glauben im Sinn jenes von Jesus eröffneten Vertrauens in die Kraft der geschenkten und sich schenkenden Liebe.

8.8 Zur mystischen Dimension von Religiosität

Mystik als die Erfahrung Einzelner, in einer Art Ausnahmezustand dem Göttlichen zu begegnen oder gar mit ihm zu verschmelzen, hat in unserer Kultur zwar eine lange und vielgestaltige, aber keine im Volk verankerte Tradition. Der Versuch, bereits die persönliche Andacht, die Anbetung und Versenkung, das Rosenkranzgebet oder das vielmalige Beten von Ave-Maria und Vaterunser der Mystik zuzuordnen, verfehlt das Phänomen.

Von Jesus wird nirgendwo ein mystisches Erlebnis berichtet oder gesagt, dass es anzustreben wäre. Wenn Paulus an die Galater schreibt: »Nicht mehr ich lebe, sondern Christus lebt in mir« (Gal 2,20), so spricht er nicht von einem mystischen Erlebnis, sondern von jenem Geist Jesu, der ihn zur Liebe stark macht. Mystische Erlebnisse können für einzeln Christen eine Möglichkeit sein, ihren Glauben zu vertiefen; sie sind aber für den christlichen Glauben nicht konstitutiv. Ein Indikator für diesen Glauben waren sie nie und können sie auch nicht sein.

8.9 Zur ethischen Dimension von Religiosität

8.9.1 Elementare und religiöse Regeln
Es gibt keine Kultur ohne feste Regeln des Zusammenlebens. Selbst Tiere, die in Gemeinschaft leben, verhalten sich in der Gruppe nach festen Regeln. Diese ergeben sich aus dem Interes-

se, als Gruppe oder als Art erfolgreich zu überleben. Das ist auch in der menschlichen Kleingruppe nicht anders.

Wo der Mensch über das physische Überleben hinaus sich seiner selbst als ein Gegenüber zur Weltwirklichkeit bewusst wird, kommen Gedanken ins Spiel, die die rein pragmatischen Verhaltensregeln in ein größeres Ganzes einbinden und sie damit aus einer umfassenderen Perspektive neu justieren. Dieses größere und umfassendere Ganze mag man als religiös bezeichnen oder nicht. Es erschafft die Verhaltensregeln nicht erst, sondern bringt aus übergeordneter Sicht ihren Sinn ins Gespräch.

Ethik und Religion sind nicht identisch. Die Religion ist keine Funktion von Ethik und Ethik ist auch kein Ersatz für Religion. Im Lexikon der Religionen wird das auf die Formel gebracht: »Religion nimmt ihren Anfang nicht in einem Sollen, sondern in einem Können, d. h. in der Eröffnung eines Möglichkeitsgrundes allen Daseins, der nicht von dieser Welt, sondern transzendent ist.« (157)

8.9.2 Die religiösen Gebote

In vielen Religionen (Parsismus, Judentum, Islam) gehören göttliche Gebote und Gesetze als Verhaltensregeln zum Schwerpunkt und zum Wesenskern. Im volkstümlichen Verständnis und in der unausgesprochenen Erwartung des Staates hat auch das Christentum mit seinen zehn Geboten für eine moralische Grundausstattung des Volkes zu sorgen. Im Koran sind die wesentlichen Gebote des Sozialverhaltens in Sure 25,63–75 zusammengefasst und dort mit dem Versprechen verbunden, dass denen, die sie halten, mit einem Obergemach im Paradies als einer ewigen und schönen Bleibe vergolten wird.

8.9.3 Jesus denkt nicht vom Gebot, sondern vom Geschenk her

Jesus weist alle Arten von Verrechnung von Gebotsgehorsam als guter Tat mit künftigem persönlichen Lohn ab. Als er gemäß jüdischem Gesetzesdenken von einem Schriftgelehrten nach dem höchsten Gebot gefragt wurde, antwortete er dem Fragenden in dessen gewohntem Gebotsstil: »Du sollst den Herrn, deinen Gott, lieben, mit deinem ganzen Herzen ...« und »Du sollst deinen Nächsten lieben wie dich selbst« (Mk 12,28–31). Im Denken Jesu heißt das: Du bist geliebt. Also kannst du dich auch selbst annehmen. Und die dir geschenkte Liebe gibt dir die Kraft, sie auch deinem Nächsten zuzuwenden. Der Handlungsimpuls für unser Tun kommt nämlich nicht aus dem, was wir *sollen*, sondern aus dem, was wir zur Liebe befähigte Menschen *können*. Auf der Basis dieser Grundhaltung setzen ethische Erwägungen bei der Frage an, was denn die richtige Entscheidung und der rechte Weg sei, um die Liebe in der konkreten Situation am besten zu verwirklichen.

8.9.4 Ethik ist unerlässlich

Der christliche Ansatz des Ethischen stellt nicht infrage, dass es auch für nichtreligiöse Menschen viele und unterschiedliche Gründe gibt, sich um Ethik zu bemühen und ihr gemäß zu handeln. In einem Staatswesen muss eine gemeinsame ethische Schnittmenge die Basis für die Recht setzenden und Recht ausübenden Organe sein. Ethik ist auch unabhängig von Religion in einer Gesellschaft unverzichtbar. Deutlich ist damit auch, dass christliche Ethik und das entsprechende Verhalten des Christen sich nicht auf das eigene Heil beschränken können, sondern auf Mitmenschen und Mitwelt bezogen bleiben und insofern von ihrem Wesen her argumentativ und aktiv in das öffentliche gesellschaftliche Bewusstsein einzubringen sind.

8.10 Zur integrativen Dimension des Religiösen

8.10.1 Unterschiedliche Integrationsradien

Religion und Religiosität schließen auf unterschiedliche Weise ein Verhältnis zu Gemeinschaft und zu den menschlichen Handlungsfeldern ein oder aus. Das kann hier religionsgeschichtlich nicht entfaltet, sondern nur durch Beispiele angedeutet werden. Für den *Hinduismus* fasst der indische Philosoph und Religionswissenschaftler R. A. Mall zusammen: »Die Karma-Lehre ist eine ethisch orientierte moralische Gesetzmäßigkeit.« (Mall 60) Karma-Gesetz und Wiedergeburt folgen aus dem Grundsatz: »Was man sät, das erntet man.« Es geht darum, durch gute Handlungen aus dem Rad der ewigen Wiedergeburten erlöst zu werden. Religiosität kreist hier in ethischen Kategorien um den Erlösungsprozess des Einzelnen. Eine Verantwortung für den Nächsten ist darin nicht vorgesehen, aber die für die Erlösung des Einzelnen notwendigen guten Taten kommen den Mitmenschen und der Mitwelt zugute.

In der Religiosität der *alttestamentlichen Propheten* begegnet uns ein Gegenmodell. Auch hier steht der Gedanke des Lohnes für die gute Tat im Hintergrund. Aber die gute Tat, die von Gott gefordert wird, besteht nicht darin, sich damit die eigene Erlösung zu erarbeiten, sondern den Rechtlosen Recht zu schaffen. Gegen die religiöse Selbstversorgung im Kult ruft Amos aus: »Eure Feiern kann ich nicht riechen ... Das Spiel deiner Harfen – ich höre es mir nicht an! Möge das Recht heranrollen wie Wasser und die Gerechtigkeit wie ein Fluss, der nie versiegt.« (Am 5,21.23f). Der Philosoph Jesaja ruft: »Am Blut der Stiere, der Lämmer und der Böcke habe ich kein Gefallen ... Bringt nicht länger nutzlose Gaben – mir ein abscheulicher Gestank! ... Lernt Gutes tun, sucht das Recht, weist den, der unterdrückt, in seine Schranken!« (Jes 1,11.13.17). Hier ist Religiosität daran messbar, in welchem Maße jemand dem göttlichen Willen, der dem Heil der Gemeinschaft dient, in seinem alltäglichen Verhalten folgt.

Die *altrömischen Kulte* dienten der kultischen Pflege der Götter. Ein Bürger hatte seine religiöse Pflicht der Gemeinschaft gegenüber erfüllt, wenn er seine Kultsteuer entrichtete und an den Kulthandlungen teilnahm. Zustimmung zu bestimmten Gottesvorstellungen war von den einzelnen Kulten nicht gefordert.

Die sittliche Ordnung war im römischen Staat seit der republikanischen Zeit durch das staatliche Recht vorgegeben. Oberstes Gesetz war das Wohl des römischen Volkes. Die altrömische Ethik war in dem Begriff *pietas* (Pflichtgefühl) zusammengefasst und meinte die Tugend der Eltern- und Kindesliebe und das pflichtgemäße Verhalten gegenüber Staat, Kaiser und den Göttern. Die Grundhaltung der *pietas* wurde später sakral dadurch gefestigt, dass sie zur Göttin Pietas personifiziert und in Tempeln verehrt wurde.

Die *Mysterienreligionen* griechischen und orientalischen Ursprungs, die sich in hellenistischer Zeit aus ursprünglichen Vegetationsgottheiten entwickelt hatten, bildeten ebenfalls abgegrenzte religiöse Bereiche. Sie setzten allerdings ein persönliches Verhältnis des Kultgenossen (Mysten) zu der verehrten Gottheit voraus. Die Gottheit, die wie das Naturgeschehen als gestorben und wieder erstanden geglaubt wurde, gab dem Mysten die persönliche Hoffnung auf ein Leben nach seinem Tod. Das sprengte das auf irdisches Wohlergehen der staatlichen Gemeinschaft bezogene römische Denken, denn in den Mysterienreligionen richtete sich Religion und Religiosität auf das persönliche Fortleben im Jenseits.

8.10.2 Christlicher Glaube umfasst alle Lebensbereiche

Mit der Botschaft Jesu und ihrer Ausformung in den unterschiedlichen Konfessionen setzte sich in Europa ein anderes Modell mit einer neuen Dimension von Religion und Religiosität durch. Genau besehen bringt Jesus gar keine neue Religion im Sinne der bestehenden Religionen. Er sagt nicht, dass wir uns Gottes Wohlgefallen oder das persönliche Heil dadurch erarbeiten können, dass wir unserer menschlichen Natur noch entsagungsvollere Kulthandlungen auferlegen und noch höhere moralische Leistungen abverlangen. Er sagt auch nicht, dass wir mit unserem Willen und Verstand noch weitergehenderen Lehren über Gott zustimmen und auch noch häufigere mystische Vereinigungen mit dem Göttlichen anstreben müssten. Das alles wären ja nur Varianten oder Verschärfungen bisheriger Religionsformen.

Jesus entfaltet keinen neuen Gottesbegriff, sondern spricht von einer erfahrbaren Gotteswirklichkeit, die sich in dem Satz ausdrücken lässt: Gott ist die Liebe. Er selbst macht diese Gotteswirklichkeit der Liebe in der Art und Weise erfahrbar, in der er Menschen ansieht, in der er sie annimmt und in der er auf sie eingeht. Verachtete Zöllner oder Frauen erfahren, dass sie als Brüder und Schwestern wahrgenommen und angenommen sind. Seine bedingungslose Liebe kann ganz konkret von denen erfahren werden, für die er Grenzen und Gesetze seiner jüdischen Religion überschreitet. Die Geschichte vom barmherzigen Samariter, seine Begegnungen mit Aussätzigen, mit kultisch Unreinen und mit Nichtjuden zeigen, dass er aus seiner Grundhaltung die Kontaktsperren seiner Kultur um des Menschen willen durchbricht. Ebenfalls um des Menschen willen setzt er sich über jüdische Speisevorschriften und Sabbatgebote hinweg. In alledem zeigt sich, wo und wie sich Gotteswirklichkeit als Liebe in unserem Alltag ereignet und darin konkrete Gestalt annimmt. Dabei fordert Jesus nirgendwo, Jenseitiges für wahr zu *halten*. Er zeigt vielmehr, in welcher Weise göttliche Liebe, die wir nicht aus uns selber haben können, als Grundimpuls unseres Lebens wahr *werden* kann.

Die gleiche Möglichkeit wird uns im Johannesevangelium in der Beispielgeschichte vom Dienen mit dem Jesus-Wort eröffnet: »Wie ich euch getan habe, so tut auch ihr.« (Joh 13,15) Indikativisch, d. h. von der uns widerfahrenden Liebe her ausgedrückt heißt das: Wer sich in seiner Lebensbasis von der in Jesus sichtbar gewordenen bedingungslosen Liebe anrühren, erfüllen und leiten lässt, der *hat* selbst die Freiheit und die Kraft, sein Leben in allen seinen Bereichen aus dem gleichen Geist zu gestalten und eben darin das den Menschen von seiner Natur aus Mögliche zu transzendieren. Wo das geschieht, da ereignet sich Gotteswirklichkeit im Hier und Jetzt, da tritt, in alten Kategorien gedacht, Ewiges in die Zeit und Jenseitiges in unsere diesseitige Welt.

Christsein und christlicher Glaube lassen sich inhaltlich als das Leben aus dem Geist der Liebe umschreiben. Dazu bedarf es weder eines Zustimmungsglaubens noch kultischer Praktiken, weder mystischer Erlebnisse noch moralischer Vorschriften. Christsein gemäß der Botschaft Jesu bedeutet, alle Bereiche und Handlungsfelder menschlichen Lebens und Zusammenlebens aus der Grundhaltung dieser Liebesfähigkeit zu gestalten: das Verhältnis zwischen Eltern und Kindern, die Partnerschaft, das Verhältnis zu Menschen fremder Lebensart, die pädagogischen Ziele, das Verhalten in der Freizeit, in wirtschaftlichen, politischen, kulturellen und beruflichen Entscheidungen, die uns ständig abverlangt werden. Diese für das Christsein charakteristische Bezogenheit auf alle Lebensbereiche ist im gegenwärtigen Glaubensverständnis bereits unter die 20-%-Marke abgesunken (vgl. 7.3.6). Mit diesem Umfragewert ist der Bestand jenes christlichen Glaubens, der der Botschaft Jesu entspricht, realistisch abgebildet. Alle übrigen Werte zu den Dimensionen von Religiosität sagen über den Glauben, der sich auf die Botschaft Jesu gründet, wenig bis nichts aus, denn sie passen gar nicht zu ihm.

8.10.3 Die Entscheidung zwischen kirchlicher Religiosität und der Botschaft Jesu

Geschichtlich wahr bleibt freilich, dass in das Leben aus dem Geist Jesu schon sehr früh die Ausdrucksformen jüdischer, römischer und hellenistischer Religionen und Kulte und damit deren Religionsverständnis aufgenommen wurden. Bereits gegen Ende des 1. Jahrhunderts wurde der irdische Jesus zum göttlichen Christus umgebildet. Es entstand eine Christologie bis hin zur Trinitätslehre, die Jesu Person der Lebensrealität entrückte und sie zur Gottheit stilisierte. Das wiederum führte zu einem Christuskult, der zu seiner Ausführung ein Priestertum hervorbrachte, das für den Vollzug der Kulthandlung ausgebildet und allein legitimiert war. An die Stelle eines unmittelbaren Lebens aus dem Geist der Liebe trat zunehmend ein durch Priester vermittelter Kirchenglaube, der allmählich alle Dimensionen und Praktiken der antiken Religionen in sich aufnahm und diese zur Bedingung der kirchlichen Mitgliedschaft machte.

Im Zuge der Verkirchlichung wurde die von Jesus eröffnete Lebensmöglichkeit in die Gestalt einer antiken Religiosität zurückgebildet, in der die Dimensionen der kognitiven Zustimmung, des Kultes und der moralischen Gebote zum Maßstab wurden und die Freiheit, zu der Jesu Botschaft befreit hat (Gal 5,1), verloren ging. Die Reformationsbewegung hat zwar viele religiöse Fremdelemente abgestoßen, ist aber in ihrem Bemühen, zur Botschaft Jesu zurückzukehren, auf unterschiedlichen Niveaus stecken geblieben und selbst wieder in archaischen Denkmustern erstarrt.

Es wird sich erst zeigen ob eine wirkliche *ecclesia* **semper reformanda** die Kraft hat, Gotteswirklichkeit, wie sie Jesus eröffnet hat, im Weltbewusstsein der jeweiligen Zeitgenossen und in deren Vorstellungsformen, Bildern und Symbolen plausibel zum Ausdruck zu bringen. Sicher ist, dass immer noch viele darauf warten, die dem traditionellen Kirchenbetrieb längst den Rücken gekehrt haben oder erwägen, das zu tun.

9 Zusammenfassende Schlusssätze

Eine Studie der hier vorliegenden Art kann und will keine unabwendbaren Prognosen abgeben. Auf der Basis von Umfragen können freilich Wandlungen im Selbstverständnis der Menschen und Tendenzen der Entwicklung verdeutlicht werden. Die darin aufscheinende Bewusstseinslage der Befragten lädt nicht zum Schönreden ein, sondern fordert zum Handeln heraus.

- Die elementare, in der *conditio humana* verankerte Religiosität wird in vielen Gestalten bleiben, denn sie kann nur zusammen mit dem uns heute bekannten Menschsein verlöschen.
- Organisierte Religionsformen (historische Religionen) werden selbst unter multireligiösen Bedingungen existieren und für ihre Anhänger auch weiterhin den Maßstab für deren Religiosität vorgeben.
- In den multireligiösen Verhältnissen Mitteleuropas wird bei den einen das Selberbasteln einer Patchwork-Religiosität zunehmen und bei den »religiös Unmusikalischen« (Max Weber) wird das Desinteresse an traditionellen Religionsformen wachsen und atheistische oder agnostische Einstellungen fördern.
- Tendenzen zur Entkirchlichung sind in unserem Kulturbereich bei vielen auszumachen, die noch Mitglieder einer Kirche sind. Entfremdung von der Kirche muss nicht Verzicht auf die religiöse Dimension bedeuten. In vielen Fällen drückt sich darin der Protest gegen die religiöse und geistige Belanglosigkeit kirchlicher Inhalte und resignierte Enttäuschung darüber aus, dass die kirchliche Verkündigung das Weltverständnis der Zeitgenossen ignoriert.
- Die bewusste Zustimmung zu einer traditionell kirchlich gebundenen Religiosität nimmt generell ab und ist nur noch bei gesellschaftlichen Randgruppen anzutreffen.

- Vor allem die transzendente Weltdeutung monotheistischer Prägung, das Diesseits-Jenseits-Modell und die archaischen Rituale der Kirchen verlieren bei den zunehmend weltimmanent orientierten Zeitgenossen ihre Plausibilität.
- Der Mitgliederbestand der Kirchen nimmt zwar seit Jahrzehnten in Schüben ab, gefährdet in unmittelbarer Zukunft aber noch nicht das Überleben der traditionellen Kirchentümer. Trotz der noch hohen Mitgliederzahl liegt die Zustimmung zu den traditionellen kirchlichen Kernaussagen allerdings bereits im Bereich der Minderheit.
- Das Bewusstsein für die religiöse Dimension des Menschseins und die religiöse Bindung hängen wesentlich von der religiösen Sozialisation in der Kindheit ab. Aber gerade hier geht der entscheidende Einfluss der Familie seit Generationen spürbar zurück. Das fördert in einer multireligiösen Welt das Desinteresse an religiösen Fragen und das privatistische Religionsverständnis.
- Viele Zeitgenossen in, am Rande oder außerhalb der Kirche, die durch ihr Leben auf die Urfragen des Menschen stoßen, erwarten trotz ihrer Kirchenferne von der religiösen Institution »Kirche« Orientierungshilfen, freilich in Denkformen, die ihnen zugänglich sind.
- Und nicht zuletzt gibt der Philosoph Hermann Lübbe, für den Religion zu den Erhaltungsbedingungen unserer modernen Kultur gehört, zu bedenken, »dass die Religion, ohne deren Kritik der Aufklärungsprozess nicht zu denken ist, nach der Aufklärung zu den Bedingungen ihrer Erhaltung gehört« (Lübbe 1986, 18).
- Ein christlicher Glaube, der der Botschaft Jesu entspricht, kann und wird weder durch prächtige Kirchenbauten noch durch prunkvolle Rituale noch durch Lehren über Gott noch durch moralische Forderungen am Leben gehalten werden. Zukunft hat er dort, wo er im Sinne der Liebesbotschaft Jesu in den Anschauungsformen der jeweiligen Zeitgenossen zur

Sprache gebracht und von Menschen gewagt wird, die aus dem Geist und aus der Kraft der Liebe ihr persönliches, soziales, politisches und berufliches Leben gestalten.

Verzeichnis der zitierten Literatur

AA Allensbacher Archiv, lfD – Umfragen 1098, 4079, 10097

AAS 81 – Acta Apostolicae Sedis 81, in: Verlautbarungen des Apostolischen Stuhls 144, hg. vom Sekretariat der Deutschen Bischofskonferenz 1998, S. 104–106

AAS 90 – Acta Apostolicae Sedis 90, in: Verlautbarungen des Apostolischen Stuhls 144, hg. vom Sekretariat der Deutschen Bischofskonferenz 1998, S. 78

AKR – Woran glaubt die Welt? – Analysen und Kommentare zum Religionsmonitor 2008. Hgg. von der Bertelsmann-Stiftung. Gütersloh 2009

Barth, K., Die kirchliche Dogmatik I/2, Zürich 1948

Bertholet, A., Wörterbuch der Religionen. 4. Aufl. Stuttgart 1985

Blumenberg, H., Die Legitimität der Neuzeit. Frankfurt/M. 1966

Bochinger, Chr., Spiritualität, in: Metzler Lexikon Religion Bd. 3. Stuttgart/Weimar 2003

Cicero, M. T., De natura deorum/Über das Wesen der Götter. Stuttgart 2006

Darwin, Ch., Die Abstammung des Menschen, Frankfurt/M. 2005

Dawkins, R., Der Gotteswahn. Stuttgart 2008

Denzinger, H., Kompendium der Glaubensbekenntnisse und kirchlichen Lehrentscheidungen, 37. Auflage 1991

Durkheim, E., Die elementaren Formen religiösen Lebens (frz. 1912). Frankfurt/M. 1981

Dux G., Die Logik der Weltbilder. Sinnstrukturen im Wandel der Geschichte. Frankfurt/M. 1982

DV – Dei Verbum. Dogmatische Konstitution über die göttliche Offenbarung. 1965

Ebertz 1999 M. N., Religion ohne Institution, in: K. Hofmeister und L. Bauerochse (Hg.), die Zukunft der Religion. Würzburg 1999, S. 41–51

Ebertz 2012 M. N., Was glauben die Hessen? Zentrum für kirchliche Sozialforschung. Freiburg 2012

Evans-Pritchard E. E., Hexerei, Orakel und Magie bei den Zande (engl. 1937). Frankfurt/M. 1978

Feuerbach L., Das Wesen des Christentums (1841). Ausgabe in zwei Bänden, hgg, von W. Schuffenhauer. Akademie-Verlag Berlin 1956

Fischer 2009, H., Gemeinsames Abendmahl? Zum Abendmahlsverständnis der großen Konfessionen. Zürich 2009

Fischer 2010, H., Einheit der Kirche? Zum Kirchenverständnis der großen Konfessionen. Zürich 2010

Fischer 2012, H., Sprache und Gottesglaube. Wie kann man heute von Gott reden? Deutscher Wissenschaftsverlag Baden-Baden 2012

Fischer, P., Philosophie der Religion. Göttingen 2007

Fukuyama, F., Das Ende der Geschichte. München 1992

Gehlen, A., Der Mensch – seine Natur und seine Stellung in der Welt (1940) 7. Aufl. Frankfurt/M. 1962

Glock, Ch. Y., Über die Dimensionen der Religiosität, in: J. Matthes, Kirche und Gesellschaft – Einführung in die Religionssoziologie II., S. 150–168, Hamburg 1968

Graf 2004, F. W., Die Wiederkehr der Götter – Religion in der modernen Kultur. 3. Aufl. München 2004

Graf 2011, F. W., Kirchendämmerung – Wie die Kirchen unser Vertrauen verspielen. München 2011

Haeckel 1892, E., Der Monismus als Band zwischen Religion und Wissenschaft. Glaubensbekenntnis eines Naturforschers. 1892

Haeckel 1899, E., Die Welträtsel. Gemeinverständliche Studien über monistischen Philosophie. Nachdruck der 11. verb. Aufl. von 1919. Stuttgart 1984

Heidrich P., Mystik, mystisch, in: HWbPh 6, 1981, Sp. 268–273

Heisenberg 1955, W., Das Naturbild der heutigen Physik. Hamburg 1955

Heisenberg 1959, W., Physik und Philosophie. Berlin 1959

Heisenberg 2005, W., Der Teil und das Ganze. 6. Aufl. München 2005

Herder, J. G., Abhandlung über den Ursprung von Sprache in: HW Bd. 1. Frankfurt/M. 1985 (1772)

Hock, K., Einführung in die Religionswissenschaft. Darmstadt 2002

HrwG – Handbuch religionswissenschaftlicher Grundbegriffe. Hgg. von H. Cancik/B. Gladigow/K.-H. Kohl, Bände 1–5. Stuttgart 1988–2001

Huth, A. und W., Handbuch der Meditation. München 1990

HWbPh – Historisches Wörterbuch der Philosophie. Hgg. von J. Ritter, Bd. 1–13, Darmstadt 1971 - 2007

Jaeschke, W., Säkularisierung, in: HrwG Bd. 5, S. 9–20

Jörns K.-P., Die neuen Gesichter Gottes – Was die Menschen heute wirklich glauben. München 1997

Kant 1781, I., Kritik der reinen Vernunft. (1781), in: I. Kant, Werke in 6 Bänden. Hgg. von W. Weischedel. Insel-Verlag Frankfurt/M. o. J.

Kant 1784, I., Beantwortung der Frage: Was ist Aufklärung? (1784) ebenda, Bd. 6, S. 51–61

Kant 1786, I., Metaphysische Anfangsgründe der Naturwissenschaft, ebenda, Bd. 5, S. 7–135

Kant 1788, I., Kritik der praktischen Vernunft (1788), ebenda, Bd. 4

Kant 1793, I., Die Religion innerhalb der Grenzen der bloßen Vernunft, (1793), ebenda, Bd. 4, S. 645–879

Kaufmann, F.-X., Kirchenkrise – Wie überlebt das Christentum? Freiburg 2001

Kehrer 1988, G., Einführung in die Religionssoziologie. Darmstadt 1988

Kehrer, G., Definition der Religionen, in: HrwG, Bd. 4, 425.

Kerber, W., Hg., Die Wahrheit der Religionen. München 1994

Kippenberg, H. G., Die Entdeckung der Religionsgeschichte – Religionswissenschaft und Moderne. München 1997

KKK – Katechismus der katholischen Kirche. München u. a. 1993

Klaus G., Religion, in: Philosophisches Wörterbuch Bd. 2. Hgg. von Klaus G./Buhr M, Leipzig 1976

Knoblauch, H./Graff A., Populäre Spiritualität oder: Wo ist Harpe Kerkeling? In: Woran glaubt die Welt? Analysen und Kommentare zum Religionsmonitor 2008. Gütersloh 2009, S. 725–746

Kuhn, Th. S., Die Struktur wissenschaftlicher Revolutionen. Frankfurt/M. 1967

Lanczkowski, G., Einführung in die Religionswissenschaft. Darmstadt 1980

Langen, A., Zum Problem der sprachlichen Säkularisation in der deutschen Dichtung, in: Zeitschrift für deutsche Philologie 83 (1964), Sonderheft 24

Klimkeit, H.-J., Religionswissenschaft, in: Lexikon der Religionen, hgg von H. Waldenfels, 2. Aufl. Freiburg 1988

Löwith K., Weltgeschichte und Heilsgeschehen. Stuttgart 1953

Lübbe 1965 H., Säkularisierung – Geschichte eines ideenpolitischen Begriffs. Freiburg 1965

Lübbe 1986, H., Religion nach der Aufklärung. Graz/Wien/Köln 1986

Luckmann, Th., Die unsichtbare Religion. Frankfurt/M. 1991 (New York 1967)

Luhmann 1999, N., Funktion der Religion, 5. Aufl. Frankfurt/M. 1999

Luhmann 2000, N., Die Religion der Gesellschaft. Frankfurt/M. 2000

Maertens, Th., Heidnisch-jüdische Wurzeln der christlichen Feste. Mainz 1965

Mall, R. A., Der Hinduismus – Seine Stellung in der Vielfalt der Religionen. Darmstadt 1997

Marquard, O., Ende des Schicksals? In, O. Marquard: Abschied vom Prinzipiellen. Philosophische Studien. Stuttgart 1995, S. 67–90

174

Marx 1844, K., Zur Kritik der Hegelschen Rechtsphilosophie, in: Marx/Engels Werke (MEW) Bd. 1, Berlin-Ost 1972

Marx 1845, K., Thesen über Feuerbach in: MEW Bd. 3, Berlin 1969, S. 533–535

Mauthner, F., Wörterbuch der Philosophie, Bd. 1 und 2. Nachdruck der Erstausgabe von 1910/11, Zürich 1980

MD – Materialdienst des Konfessionskundlichen Instituts Bensheim

Mensching, G., Die Religion – Erscheinungsformen, Strukturtypen und Lebensgesetze. Stuttgart 1959

MLR – Metzler, Lexikon Religion Bände 1–4. Hgg. von Chr. Auffarth/J. Bernard/H. Mohr. Stuttgart/Weimar 1999–2002

Newberg, A. u. a., Der gedachte Gott – Wie Glaube im Gehirn entsteht. München/Zürich 2003

Nietzsche 1822, F., Die fröhliche Wissenschaft 1822

Nietzsche 1887, F., Zur Genealogie der Moral 1887

Ohlig, K.-H., Religion in der Geschichte der Menschheit – Die Entwicklung des religiösen Bewusstseins. Darmstadt 2002

Otto, R., Das Heilige 1917

Paden, W. E., Am Anfang war Religion – Die Einheit in der Vielfalt. Gütersloh 1990

Petersen, Th., Christentum und Politik, F.A.Z. vom 26.9.2012, S. 8

PhWb – Philosophisches Wörterbuch. Hgg. von M. Gessmann, 23. Aufl. Stuttgart 2009

Piaget, J., Das Weltbild des Kindes. Stuttgart (1926) 1978

Picht, G. Der Gott der Philosophen und die Wissenschaft der Neuzeit. Stuttgart 1966

Piepmeier, R., Aufklärung in: TRE Bd. 4, S. 575–594

Pollack, D., Rückkehr des Religiösen? Studien zum religiösen Wandel in Deutschland und Europa II. Tübingen 2009

Pochat, G., Geschichte der Ästhetik und Kunsttheorie. Von der Antike bis zum 19. Jahrhundert. Köln 1986

Pöltner, G., Voraussetzungen eines gelingenden interdisziplinären Gesprächs. Zum Verhältnis von Religion und Evolution. In: Lüke/Schnakenberg/Souvignier (Hrg.), Darwin und Gott. Das Verhältnis von Evolution und Religion. Darmstadt 2004, S. 9–27

Preuß, H. R., Evolution des Glaubens. Eine Deutung der christlichen Religionsgeschichte. Darmstadt 2010

Rahner, K., Frömmigkeit früher und heute. Schriften zur Theologie VII, 22

Ratschow, C. H., Artikel Religion II – IV, in: ThWbPh 8,633–644

Riemann, F., Die Fähigkeit zu lieben. 8. Aufl. Basel/München 2008

RM – Religionsmonitor 2008. Gütersloh 2007

Schelling, F. W. J., System des transzendenten Idealismus. 1800

Schlaffer, H., Die kurze Geschichte der deutschen Literatur. München/Wien 2001

Schmidt, M., Aufklärung, in: TRE Bd. 4, 1979 S. 594–608

Schmitt, C., Politische Theologie 2. Aufl. München/Leipzig 1934

Schnabel, U., Die Vermessung des Glaubens. Forscher ergründen, wie der Glaube entsteht und warum er Berge versetzt. München 2010

Schnädelbach, H., Religion in der modernen Welt. 3. Aufl. Frankfurt/M. 2009

Schneider, H. J., Religion. Berlin 2008

Schröder, R. Abschaffung der Religion? 2. Aufl. Freiburg 2009

Schulze, G., Die Erlebnisgesellschaft. Kultursoziologie der Gegenwart. 3. Aufl. Frankfurt/M. 1993

Singer W., Ein neues Menschenbild? Gespräche über Hirnforschung. Frankfurt/M. 2003

Steinwede, D./Först, D., Hg., Die Jenseitsmythen der Menschheit. Düsseldorf 2005

Stephenson, G., Wege zur religiösen Wirklichkeit. Phänomene – Symbole – Werte. Darmstadt 1995

Sundermeier, Th., Was ist Religion? Berlin 1999

Taylor, Ch., Ein säkulares Zeitalter. Frankfurt/M. 2009

Thesaurus der exakten Naturwissenschaften. Hgg. von M. Serres und N. Farouki, 2. Aufl. Frankfurt/M. 2001

Thiede, W., Mystik im Christentum. Frankfurt/M. 2009

Urban, M., Warum der Mensch glaubt. Von der Suche nach dem Sinn. Frankfurt/M. 2005

Van der Leeuw, G., Phänomenologie der Religion (1933), 3. Aufl., Tübingen 1970

Voland, E., Grundriss der Soziobiologie, 2. Aufl. Berlin 2000

Vorsokratiker I, ausgewählt, übersetzt und erläutert von J. Mansfeld. Bd. I Stuttgart 1983, Bd. II Stuttgart 1986

Luther, M., WA – Werke. Kritische Gesamtausgabe. Weimar 1883ff

Waardenburg, J., Religionsphänomenologie, in: TRE Bd. 28 (1997), S. 731–749

Wagner, F., Religion, in: Wörterbuch des Christentums. Hgg. von V. Drehsen u. a. München 1988

WbChr – Wörterbuch des Christentums. Hgg. von V. Drehsen u. a. München 1988

Weinrich, M. Religion und Religionskritik. Göttingen 2011

Wulf, Chr., Anthropologie, Geschichte, Kultur, Philosophie. Reinbeck 2004

Xenophanes, in: Vorsokratiker I, S. 214–229

Basiswissen Christentum: Bücher von Helmut Fischer

Helmut Fischer
**Musste Jesus
für uns sterben?**
Deutungen des
Todes Jesu

Vor dem Hintergrund der Quellen und traditioneller Opfervorstellungen erläutert Helmut Fischer die christliche Vorstellung vom Kreuzestod Christi und wie denn die Rede vom Tod Christi «für uns» heute verstanden werden kann. Das Buch liefert keine schnellen Antworten, sondern ermutigt, sich selbst eine Meinung zu bilden.

2008, 78 Seiten, Paperback
CHF 14.80 EUR 9.80 EUA 10.10
ISBN 978-3-290-17469-9

Helmut Fischer
**Haben Christen
drei Götter?**
Entstehung und
Verständnis der Lehre
von der Trinität

Ein Glaube und drei Götter – wie ist das zusammenzudenken? Viele Christen wissen zwar theoretisch vom trinitarischen Gottesgedanken, für den persönlichen Glauben hat dies meist jedoch wenig Relevanz. In verständlicher Sprache gibt Helmut Fischer einen Überblick über die historische Entwicklung des Trinitätsverständnisses bis zur heutigen Bedeutung dieses christlichen Glaubensgrundsatzes.

2008, 120 Seiten, Paperback
CHF 18.00 EUR 11.80 EUA 12.20
ISBN 978-3-290-17497-2

Helmut Fischer
Schöpfung und Urknall
Klärendes für das
Gespräch zwischen
Glaube und
Naturwissenschaft

In welcher Hinsicht sprechen die biblischen Schöpfungsgeschichten und die Naturwissenschaften von Weltwirklichkeit? Helmut Fischer stellt beide Standpunkte dar, indem er auf die «Quellentexte» (die biblischen Schöpfungstexte und die entscheidenen Schritte im Prozess der Naturerkenntnis) zurückgeht. Nüchtern weist er die Grundlagen beider Positionen auf und zeigt, wie unnötig ein verbissener Kampf ist.

2009, 144 Seiten, Paperback
CHF 20.00 EUR 12.80 EUA 13.20
ISBN 978-3-290-17513-9

Helmut Fischer
**Gemeinsames
Abendmahl?**
Zum Abendmahls-
verständnis der
großen Konfessionen

Warum können Katholiken und Protestanten nicht gemeinsam am Abendmahl teilnehmen? Muss das so sein, lässt sich da nichts ändern? Kurz und prägnant erklärt Helmut Fischer, woran es liegt. Vom Mahl als Symbol der Gemeinschaft ausgehend, erläutert er die Entwicklung des Abendmahls zum Sakrament und beschreibt das gegenwärtige Abendmahlsverständnis der grossen Konfessionen.

2009, 78 Seiten, Paperback
CHF 15.00 EUR 9.80 EUA 10.10
ISBN 978-3-290-17532-0

Helmut Fischer
Einheit der Kirche?
Zum Kirchen-
verständnis der
großen Konfessionen

Bei dem Versuch, ein gemeinsames Kirchenverständnis zu definieren, zeigt sich, dass Katholiken, Orthodoxe und Protestanten Kirche je anders erleben. Helmut Fischer stellt, von den Anfängen der Kirche ausgehend, die verschiedenen Kirchenstrukturen mit ihren Gemeinsamkeiten und Unterschieden dar. Er entfaltet das jeweilige Selbstverständnis der Kirchen aus ihren offiziellen Dokumenten.

2010, 160 Seiten, Paperback
CHF 20.00 EUR 12.80 EUA 13.20
ISBN 978-3-290-17550-4

Helmut Fischer
Christlicher Glaube –
was ist das?
Klärendes, Kritisches,
Anstöße

Helmut Fischer verdeutlicht, dass der Gehalt des christlichen Glaubens weder an historisch bedingten Denkformen hängt noch mit diesen untergeht, sondern auch im Weltverständnis der Moderne für unser Leben aktuell bleibt. Ohne den erdrückenden theologischen Überbau und in einer heutigen, nichttheistischen Sprache bringt Helmut Fischer den Kern des christlichen Glaubens auf den Punkt.

2011, 166 Seiten, Paperback
CHF 20.00 - EUR 12.80 - EUA 13.20
ISBN 978-3-290-17614-3

Helmut Fischer
Der Auferstehungsglaube
Herkunft,
Ausdrucksformen,
Lebenswirklichkeit

Was heisst es eigentlich, Auferstehung zu glauben? Obwohl in der heutigen Zeit alle Auferstehungsvorstellungen ihre einstige Plausibilität verloren haben, zeigt Helmut Fischer, dass unter dem traditionellen Stichwort «Auferstehung» ein Sinnbereich unseres Menschseins zur Sprache kommt, den auch säkulare Zeitgenossen nicht ausblenden sollten. Wie also kann man heute Auferstehung glauben? Indem man das Leben aus dem Geist Jesu wagt.

2012, 138 Seiten, Paperback
CHF 20.00 - EUR 13.80 - EUA 14.20
ISBN 978-3-290-17635-8

Helmut Fischer
Wie die Engel
zu uns kommen
Herkunft, Vorstellung
und Darstellung der Engel
im Christentum

In unserer Gesellschaft glauben weit mehr Menschen an Engel als an einen persönlichen Gott und Schöpfer des Himmels und der Erde. Helmut Fischer benennt in knapper und verständlicher Sprache, wovon wir eigentlich reden, wenn wir von Engeln sprechen. Woher sind die Engel dem christlichen Glauben zugeflogen, wann und wie sind sie in das Denken der Christenheit integriert worden und welche Gestalt haben sie hier angenommen?

2012, 102 Seiten, Paperback mit 40 farbigen Abbildungen
CHF 22.00 - EUR 15.40 - EUA 15.90
ISBN 978-3-290-17677-8